1703/-€16,90

kollektiv neurotisch

Christian Kohlross

kollektiv neurotisch

Warum die
westlichen Gesellschaften
therapiebedürftig sind

Bibliografische Information der Deutschen Nationalbibliothek

Die Deutsche Nationalbibliothek verzeichnet diese Publikation
in der Deutschen Nationalbibliografie; detaillierte bibliografische Daten
sind im Internet über *http://dnb.dnb.de* abrufbar.

ISBN 978-3-8012-0496-9

Verlag J.H.W. Dietz Nachf. GmbH
Dreizehnmorgenweg 24, 53175 Bonn
Umschlag: Birgit Sell, Köln
Satz: Jens Marquardt, Bonn
Druck und Verarbeitung: CPI books, Leck

Printed in Germany 2017

Besuchen Sie uns im Internet: *www.dietz-verlag.de*

Inhalt

Gesellschaft und Neurose – Vorwort

Wenn man darüber nachzudenken beginnt, wie unsere Nachgeborenen eines fernen, vielleicht gar nicht einmal allzu fernen Tages auf uns Heutige zurückblicken werden, dann kann es sein, dass sie aus dem Staunen gar nicht mehr herauskommen. Denn sie werden große Mühe haben zu verstehen, dass wir zu Beginn des einundzwanzigsten Jahrhunderts immer noch nicht sehen, was ihnen doch offen zutage liegt: dass nämlich, wer Politik begreifen will, ohne Psychologie nicht auskommt. Trotz der Tatsache, heißt das, dass seit dem Ende des neunzehnten Jahrhunderts sich Psychologen (Freud als einer der ersten) immer wieder auch massenpsychologischen und politischen Fragestellungen zugewandt haben, zeichnet sich der politische Diskurs der Gegenwart durch eine auffallende, im Grunde: unheimliche Psychologievergessenheit aus. Denn obwohl es seit langem Disziplinen wie Politische Psychologie und Sozialpsychologie gibt, werden politische wie übrigens auch ökonomische Konflikte immer noch als Auseinandersetzungen rationaler, sich ihrer Motive bewusster Akteure aufgefasst. Und es wird immer noch so getan, als käme es in der politischen Auseinandersetzung allein auf Vorstellungen, Inhalte, Überzeugungen an – und nicht auf verborgene, den Akteuren nur halb- oder auch ganz und gar unbewusste Motive. Anderslautende Erkenntnisse tauchen im öffentlichen Diskurs zwar auf, werden aber geflissentlich ignoriert. Häufig ist dann sogleich von Psychologismus die Rede, davon, dass der psychologische Seelenschuster doch bitte bei seinem Leisten zu bleiben, sich tunlichst nicht in anderer Leute Dinge und Denken einzumischen habe. Doch genau das ist seine Aufgabe!

Politik, das ist dem psychologischen Blick eben keine Sache nur für Politiker, sondern eine Sache der Grenzüberschreitung, der Kunst, wie Brecht es einmal genannt hat, in anderer Leute Köpfe zu denken. Des Psychologen liebste rhetorische Form ist schon deshalb die Metapher. Denn sie ermöglicht es, Grenzen zu überschreiten und etwas so zu sehen, als ob es etwas anderes wäre: Gesellschaften zum Beispiel so, als ob sie Personen wären und deshalb auch an Persönlichkeitsstörungen, wie es Hysterie oder Depression, Narzissmus oder Zwang sind, erkranken können.

Dass wir diese, dem metaphorischen Blick so offensichtliche, kollektivneurotische Seite unseres Gesellschaftslebens bislang schlicht übersehen haben, könnte etwas sein, das unseren Nachgeborenen einmal rätselhaft sein wird.

Doch wie sollte das möglich sein, dass auch Gesellschaften Persönlichkeiten, Persönlichkeitsstile, gar Persönlichkeitsstörungen haben? Und vor allem: Was eigentlich sind Persönlichkeiten?

Persönlichkeiten, auch wenn sie manchmal den Eindruck erwecken, als seien sie unabänderlich, wie in Stein gemeißelt, sind nicht von Beginn eines Lebens an da. Sie entwickeln sich. Alles fängt damit an, dass Leben nicht einfach Leben, sondern bereits ganz zu Anfang ein mit Wünschen, Bedürfnissen ausgestattetes Lebens ist. Als ein solches wird es in eine Welt hineingeboren, die es zwingt, seine Wünsche und Bedürfnisse der Wirklichkeit, also den Wünschen und Bedürfnissen anderer Menschen anzupassen – nicht aus freien Stücken, sondern aus der Hilflosigkeit und Verwundbarkeit des Kleinkindes heraus. Ein solches Kleinkind aber kann nicht anders, es muss sich unterordnen. Es muss Kompromisse bilden aus Wunsch und Wirklichkeit, um zu überleben. Verweigert es diese Unterordnung, verweigert es die Kompromissbildung, so droht aus der Sicht des Kindes zuletzt das Ausgestoßen-, das Verlassenwerden, also die für das emotionale wie physische Überleben des Kindes schlimmstmögliche Konsequenz.

Daraus erklärt sich der eine Teil des emotionalen Terrors, als den Kinder diese Urszene der Persönlichkeitsbildung erleben. Den anderen Teil erklärt die Unbedingtheit und Grenzenlosigkeit, man könnte auch sagen: die Reinheit des kindlichen Wunsches. Ein Säugling, der nach der Mutterbrust schreit, ein Dreijähriger, der einfach nur spielen möchte, kennt im Moment seines Wünschens nur diesen Wunsch. Er hat ihn nicht, diesen Wunsch, er *ist* dieser Wunsch. Diese unbedingten, grenzenlosen, den ganzen Organismus ergreifenden Wünsche immer wieder den Ansprüchen der zunächst meist durch die Eltern repräsentierten Wirklichkeit unterordnen, sie also kontrollieren zu müssen, erzeugt immer wieder nur ein Gefühl: Ärger, Aggression. Und eben, weil auch dieser Ärger wiederum ein unbedingtes, grenzenloses Gefühl ist, kann auch er nicht ausgelebt, sondern muss kontrolliert, verborgen werden. Das Zeigen von Ärger und Aggression würde sonst eben die Gefahr heraufbeschwören, der das Kind doch um alles in der Welt zu entgehen sucht: der Gefahr verstoßen, verlassen zu werden.

Die Struktur aus Verhaltens- und Erlebensstrategien, die Menschen in Kindheit und Jugend herausbilden, um diese mit dauernder Frustration einhergehende Konfrontation eigener Wünsche und fremder Wirklichkeiten zu verarbeiten, heißt Persönlichkeit. Persönlichkeiten bestehen also aus Formen der Aggressionsbewältigung. Und damit aus Strategien des Umgangs mit einem schier unlösbaren Problem: dem Versuch, Wunsch und Wirklichkeit, die eigenen Wünsche mit den Wünschen anderer in Übereinstimmung zu bringen.

Genau solche Versuche unternehmen nun auch Gesellschaften. Denn auch Gesellschaften sehen sich wie jeder Einzelne mit dem Problem konfrontiert, Wünsche und Wirklichkeiten, die Bedürfnisse des Einzelnen mit denen anderer Einzelner in Übereinstimmung zu bringen. Politik ist, so gesehen, wesentlich der Versuch, dieses eigentlich unlösbare, paradoxieverdächtige Problem dennoch zu lösen. Aufgabe der Politik ist es, Wünsche und Wirklichkeiten auch da in Übereinstimmung zu bringen, wo sie es nicht sind. Und sich das klarzumachen, mag dazu beitragen, die Frustration manch eines Politikers, aber auch die Unangemessenheit manch einer Politikerschelte besser zu verstehen.

Kompromissbildungen, wie sie auch das Politische hervorbringt, erzeugen, wie jede Einschränkung oder gar Versagung von Wünschen: Frustration, also Aggression, und zwar eine gegen den Aggressor, gegen die Gesellschaft gerichtete Aggression. Die Kontrolle dieser gegen sie gerichteten, zerstörerischen Aggression ist eines der vorrangigsten Ziele einer jeden Gesellschaft. Dabei stellt sich immer wieder heraus: Das probateste Mittel einer kollektiven Aggressionskontrolle ist die Verdrängung. Wenn Einzelne oder Gruppen ihren Ärger gar nicht spüren, muss die Gesellschaft diesen Ärger auch nicht fürchten. Gesellschaften sind daher immer schon Meister der Verdrängung, Sublimierung und Steuerung aggressiver Impulse.

Dabei nehmen Gesellschaften jedoch etwas in Kauf, das sich immer entwickelt, wenn ein Wunsch versagt und der daraus resultierende aggressive Impuls vereitelt wird: die Bildung von Symptomen. Auch Symptome, wie der in modernen Gesellschaften allgegenwärtige Stress, sind metaphorische Phänomene. Sie erwecken den Anschein, als seien sie weder Ärger noch Wunsch, doch tatsächlich sind sie beides zugleich: Ärger, der sich in einen Wunsch (z. B. mehr zu leisten), ein Wunsch, der sich in Ärger (z. B. darüber, dass das einfach nicht gelingen will) verwandelt hat.

Dass man den Symptomen nicht ansieht, nicht ansehen soll, dass sie Symptome sind, macht sie so effektiv.

Symptome sind dabei aber zugleich die Kosten, die Gesellschaften tragen, um ihrer autodestruktiven Potenziale Herr zu werden. Gesellschaften unterscheiden sich jedoch in der Art, wie sie diese Kosten verbuchen, wie sie die Paradoxie von Wunsch und Wirklichkeit durch Symptome zu lösen versuchen, kurzum, sie unterscheiden sich in ihren Persönlichkeiten.

Dabei fallen vor allem vier extreme, den Raum des individuell wie gesellschaftlich Möglichen eröffnende und zugleich begrenzende Persönlichkeitsstile auf: hysterische, zwanghafte, schizoid-narzisstische und depressive.

Was sie unterscheidet, ist der Umgang mit Emotionen, vor allem der Aggression. Depressive und zwanghafte Persönlichkeiten neigen dazu, diese Emotionen für sich zu behalten und zu kontrollieren. Hysterische sowie schizoid-narzisstische Persönlichkeiten tendieren jedoch da hin, genau das nicht zu tun.

Depressive und Zwanghafte zeichnet ein besonderer Bindungswunsch aus. Denn beide sind beständig auf der Suche nach Kontakt, Nähe und Verlässlichkeit, um ihre ursprüngliche Angst vor Verlassenwerden und Unzuverlässigkeit im Zaum zu halten. Hysterische und schizoide-narzisstische Persönlichkeiten hingegen erleben Kontakt, Nähe und Bindung als bedrohlich.

Jeder einzelne dieser Persönlichkeitsstile verkörpert dabei eine extreme oder idealtypische Weise menschlichen – und damit auch sozialen – Erlebens. Das ist der Grund, weshalb die meisten Menschen sowohl hysterische als auch zwanghafte, schizoid-narzisstische sowie depressive Anteile haben. Pathologisch, zur Persönlichkeitsstörung werden diese Erlebnisweisen und Verhaltensstrategien erst, wenn die Kosten der mit ihnen einhergehenden Symptome höher sind als deren Gewinn, wenn die Symptome also den Abstand zwischen dem Wünschbaren und dem Wirklichen nicht verringern, sondern vergrößern.

Und genau das, so die These dieses Buches, zeichnet den gegenwärtigen Zustand westlicher Gesellschaften aus.

Die depressive Gesellschaft

I.

Was eigentlich macht aus dem Leben menschliches Leben? Was, wenn nicht dies, dass Menschen sich binden – an andere Menschen, an sich selbst, an andere Lebewesen, an ihre Umwelt? Wer ohne solche emotionalen Bindungen lebt, mag existieren – leben tut er nicht.

Das gilt ebenso für die Zeit: Wer ohne Bindung an die Vergangenheit lebt, wer nicht erzählen kann, wie er der geworden ist, der er ist, ist sich selbst zum Gespenst geworden. Und auch, wer ohne Bindung an die Gegenwart lebt, lebt nicht, er vegetiert vor sich hin, im Zustand des Traums, der Neurose oder des Wahnsinns.

Wer indes ohne Zukunft lebt, der stößt sogar in jedem Augenblick an die Grenze seines Untergangs. Denn sein Handeln kennt weder wirkliche Ziele und letzte Zwecke noch sonst einen Sinn. Denn die lägen ja in der Zukunft. Mit einem Wort: Wer ohne Zukunft lebt, der lebt im Zustand fortwährender Depression.

Nach dem Ende des Kalten Krieges, nach 1989, hat sich der sogenannte Westen entschlossen, darauf die Probe aufs Exempel zu machen. In einem Akt historisch beispielloser Ignoranz versuchte er fortan, ohne Bindung an die Zukunft auszukommen: nicht mehr zu leben also, sondern nur noch zu überleben.

So hatte, wer das Wort *Utopie* nach 1989 auch nur in den Mund nahm, sich sogleich um Kopf und Kragen geredet. Utopischen Sinn, gar utopisches Glück sollte es fortan allein in der Beschränkung geben: als Lebensglück des Einzelnen, als Gesundheitsbewusstsein, Selbstverwirklichung oder – auf den Hund gekommen – als Wellness.

Alles, was sich das immer mehr der Depression verfallende kollektive Bewusstsein fortan noch vorstellen konnte, war eine nahende Klimakatastrophe, ein müdes, auf ökonomischen Nutzen zurechtgestutztes Europa, Big Data oder eine trans-, wenn nicht gar posthumane Zukunft. Eben: Science-Fiction.

Utopie, heißt das, gab es nach 1989 nur noch als Zynismus, den die Tagespolitik für sie übrig hatte.

Dass wir es aber seither versäumt haben, über eine für unsere Weltgesellschaft sinnstiftende Zukunft nachzudenken, über wirklich andere Formen des Zusammenlebens und das kollektive Handeln von Gesellschaften darauf auszurichten, hat Konsequenzen, das war nie so deutlich wie 2016: Vor allem die, dass immer mehr Menschen auf diese Utopielosigkeit mit Gewalt oder Depression reagieren.

Die immer selbstverständlicher werdende Gewalt als Mittel der politischen Auseinandersetzung in den sogenannten neuen Kriegen, die immer alltäglicher und immer unausrottbarer scheinende Gewalt des Terrorismus, aber auch die Gewalt der Weltverteilungskämpfe um Macht, Güter und Lebenschancen, die aus immer mehr Menschen Flüchtlinge macht, all diese Formen der Gewalt sind auch ein Ausdruck unserer fortgesetzten Leugnung des Prinzips Hoffnung.

Eingetauscht haben wir es gegen das Mantra von der Alternativlosigkeit des Status quo oder gegen den Sermon vom Ende der großen Erzählungen oder sonst einem Ende.

Das aber heißt, eingetauscht haben wir das utopische Bewusstsein von einst gegen die bekannten Symptome einer agitierten Depression: gegen eine allgemeine ängstliche Unruhe, ein gesteigertes mediales Mitteilungsbedürfnis, eine notorische Unzufriedenheit – und eben Hoffnungslosigkeit.

II.

Die Depression ist die derzeit häufigste seelische Erkrankung. Etwa 8 Millionen Menschen in der Bundesrepublik sind an ihr erkrankt. Jede und jeder Zehnte. Hinzu kommen diejenigen, bei denen die Depression nicht diagnostiziert wird und eine hohe Dunkelziffer. Angst vor sozialer Zurückweisung, Ausgrenzung seitens der Betroffenen ist meist ein Grund dafür, dass die Krankheit unerkannt und unbehandelt bleibt; Scham ein anderer. Namen wie die des ehemaligen deutschen Nationaltorhüters Robert Enke oder des Piloten des *Germanwings*-Fluges 9525, Andreas Lubitz, stehen emblematisch für die kollektive Unter- und Fehleinschätzung der Depression.

Dabei erkranken 18 Prozent aller Menschen im Laufe ihres Lebens einmal an einer Depression – zweimal mehr Frauen als Männer. Gut 10 Prozent aller Besuche beim Hausarzt gehen auf diese Erkrankung zurück. In den sogenannten entwickelten Ländern steigt die Zahl der Erkrankungen von Jahr zu Jahr. Die im Januar 2015 veröffentliche Depressionsstudie der *Techniker Krankenkasse* ermittelte allein für Deutschland 30 Millionen Fehltage, die ihren Grund in dieser Erkrankung haben.

Eine Depression ist nicht immer leicht zu diagnostizieren. Denn ihre Erscheinungsformen sind uneinheitlich: Mal überfällt die Betroffenen große Traurigkeit, ohne dass sie genau wüssten, warum. Mal ist, was sie spüren, überhaupt keine Traurigkeit, sondern ein Gefühl der Gefühllosigkeit. Ein anderes Mal ist ihr Antrieb vermindert. Die einfachsten Tätigkeiten fallen schwer, sich zu ihnen aufzuraffen noch schwerer. Dann wieder sind manche der Betroffenen hyperaktiv, agitiert, arbeitswütig. Auch das meist, ohne zu wissen, warum.

Manche Arten der Depression sind dabei nur von kurzer Dauer, vorübergehende Reaktionen der Seele auf vorübergehende Belastungen. Da sie meist ohne Vorankündigung über die Betroffenen hereinbrechen, kommen sie einer plötzlichen Lähmung gleich, einem Schrecken, der kommt und wieder vergeht, ohne dass die Betroffenen wüssten, wie ihnen geschieht.

Die ICD 10, die *International Classification of Diseases,* kennt den Charakterzug der Schwermut unter dem Namen *Dysthymia.* Die solcherart Schwermütigen leiden an einer andauernden depressiven Verstimmung, die nur von kurzen Phasen, in denen sich die Stimmung der Betroffenen aufhellt, unterbrochen wird.

Diese schleichende, nie ganz verschwindende Form der Depression ist an ihren Leitsymptomen Antriebsminderung, Ich-Schwäche, sozialer Rückzug, Grübelzwang, Konzentrationsschwierigkeiten und – im Falle depressiver Erkrankungen – notorischer Hoffnungslosigkeit zu erkennen. Unter der Last der Symptome verlieren die Betroffenen dann meist irgendwann das Vermögen, mit den Routineanforderungen des täglichen Lebens fertig zu werden. Oft erst nach Jahren des Leidens ist dann für viele Depressive der Zeitpunkt gekommen, an dem sie sich in therapeutische Behandlung begeben.

Fragt man heute nach den Ursachen der Depression, so lautet die Antwort immer noch: Es sind viele. Erbliche Vorbelastung, Funktionsstörungen des Hirnstoffwechsels, andere körperliche Erkrankungen und anhaltende, nicht näher spezifizierte seelische Belastungen werden als Gründe genannt. Doch in der einschlägigen Literatur findet sich, obwohl es sich so augenscheinlich um eine Volkskrankheit mit epidemischem Ausmaß handelt, kein Hinweis auf die Gesellschaft als krankheitsverursachenden Faktor. Dass es die Gesellschaft ist, die krank macht, wird meist nur bei leichteren Depressionen, den sogenannten Burnouts, stillschweigend konzediert. Auf den naheliegenden Gedanken, dass eine depressive Gesellschaft depressive Menschen hervorbringt, kommen nur wenige.

III.

Die ICD 10 führt unter dem Stichwort der *leichten depressiven Episode* Symptome an, die nicht nur das individuelle Erleben des Depressiven, sondern zugleich das öffentliche Leben unserer Tage charakterisieren: eine melancholische Grundstimmung, gesteigerte Ermüdung und Überdrüssigkeit (Null-Bock), tiefe Selbstzweifel sowie Konzentrations- und Schlafstörungen samt psychomotorischer Agitiertheit, und all das bei einem ständig gesteigerten, zur Unersättlichkeit neigenden Appetit.

Selbstzweifel, Endzeitphantasien, Antriebsstörungen samt einem damit einhergehenden Gefühl der Hilf- und Ausweglosbarkeit kennzeichnen nun aber auch die Gefühlslage westlicher Gesellschaften seit Beginn des neuen Jahrtausends.

Diese Hilflosigkeit erfährt der Westen seit 9/11 im Zeichen des Terrors, aber nicht nur gegenüber dem Terrorismus. Auch in Sachen Klimaschutz, Überschuldung, Überbevölkerung und Flüchtlingskrise sucht die Politik verzweifelt nach Lösungen. Nur mühsam täuscht eine allgemeine Geschäftigkeit darüber hinweg, die nicht selten zur allgemeinen Aufgeregtheit mutiert (und so im historischen Rückblick die Zeiten des Kalten Krieges geradezu beschaulich aussehen lässt). Mittel und Medium der Täuschung ist der Verstand. Er suggeriert, dass es Lösungen gibt, wir sie nur noch nicht gefunden haben. Tatsächlich aber sind Vernunft und Verstand längst vielfach nur noch als Abwehrmechanismen in Gebrauch, als Widerstände gegen die sich langsam bahnbrechende Einsicht in den allerorts herrschenden Unverstand. – Und man tut so, als sei etwa die Sicherung der natürlichen Lebensgrundlagen einer nach wie vor auf der Ausbeutung natürlicher Ressourcen basierenden und dabei im ständigen Wachstum begriffenen Weltgesellschaft ein mit den Mitteln des Verstandes im Prinzip lösbares

Problem. Doch das ist es nicht! Denn zu viele der beteiligten Akteure folgen in ihrem Handeln ganz anderen Maximen als denen von Vernunft und Verstand. Und dennoch wird weiterhin im blinden Vertrauen auf Vernunft und Verstand so getan, als übe man Macht und Kontrolle auch da aus, wo man sie doch längst verloren hat.

Der anhaltende, gerade unter Intellektuellen beliebte Kulturpessimismus, der zugleich eines der deutlichsten Symptome der kollektiven Depression ist, reagiert genau darauf. Er ist die Stimme des kollektiven Unbewussten. Und die sagt immer wieder dasselbe, allem voran dies, dass das Projekt der westlichen Moderne in ihren hegemonialen Ansprüchen eines globalisierten Hyperkapitalismus an ein Ende gekommen sei. – Aber selbstverständlich verwundert diese Diagnose niemanden mehr, der in den letzten Dekaden des zwanzigsten Jahrhunderts die Diskussionen um das Ende des Subjekts, der Kunst, der Geschichte, der Theorie et cetera mitverfolgt hat.

Gemeinsam war diesen postmodernen Variationen auf das alte Thema vom Ende der Welt, dass sie allesamt Ausdruck eines geheimen, im Grunde unheimlichen Wissens sind. Denn ihnen allen lag die Ahnung zugrunde, dass die Aufklärung insofern an ein Ende gekommen ist, als ihre bevorzugten Mittel – Verstand und Vernunft – nicht mehr reichen, um die Probleme einer Welt des einundzwanzigsten Jahrhunderts zu lösen.

Das wiederum ist, um es klar zu sagen, kein Aufruf zur Regression! Es liegt darin kein Appell zur Geringschätzung der Rationalität, sondern ein Aufruf, sich – endlich – der Beschränkung kommunikativer Rationalität bewusst zu werden. Einer Beschränkung, die umso deutlicher, aber auch umso bedrohlicher da ist, wo Rationalität als Rationalisierung, als Mechanismus zur Abwehr innerseelischer Konflikte daherkommt.

Wenn daher die Habermas'sche Theorie des kommunikativen Handelns, einst Streitobjekt heißester intellektueller Debatten, heute so antiquiert und wie aus der Zeit gefallen daherkommt, dann deshalb, weil sie Aufklärung mit den Mitteln der Aufklärung betrieb und glaubte, das Projekt der Aufklärung allein auf Vernunft gründen und mit dem zwanglosen Zwang des besseren Arguments voranbringen zu können.

IV.

Hilf- und Hoffnungslosigkeit als die zentralen Symptome der gegenwärtigen Großseelenlage sind dabei das genaue Gegenteil der stets vorwärtsgewandten und fortschrittsgläubigen Aufklärung. Die depressive Verfassung des Zeitgeistes zu Beginn des einundzwanzigsten Jahrhunderts unterminiert aber nicht nur das Unternehmen der Aufklärung selbst, sondern auch das der Moderne. Denn die Moderne war niemals nur ein Projekt der Weltbeobachtung, sondern immer auch eines der Weltermächtigung. So ermächtigte sich im kulturellen, technischen, medizinischen Fortschritt der vergangenen 250 Jahre die Menschheit ihrer natürlichen Lebensgrundlagen in einem historisch bis da hin unbekannten Ausmaß. Und die Moderne hat dabei kognitive ebenso wie technische Mittel hervorgebracht, die alles in den Schatten stellten, was Menschen über Jahrtausende hin zur Verfügung stand, um Außen- und Innenwelten zu beeinflussen und zu verändern. Die daraus erwachsende Illusion einer Kontrollier- und Beherrschbarkeit des Wirklichen reduzierte, auch das in einem historisch bis da hin wohl unbekannten Ausmaß, das Gefühl der Angst. Die Ermächtigungsstrategien der Moderne, die sich in Begriffen wie Subjekt, Technik, Fortschritt manifestierten, übernahmen im kollektiven Gefühlshaushalt vor allem eine Aufgabe: die der Angstabwehr. Das aber heißt, dass es Angst ist, die geweckt wird, wenn diese Strategien angegriffen werden – sei es intellektuell, mit den Mitteln des Denkens, sei es brutal, mit den Mitteln von Gewalt und Terror.

Und das, was den sogenannten Westen so eigentümlich hilflos macht, ist dabei eben, dass dem terroristischen Angriff intellektuelle Angriffe vorausgingen. Subjektivität, Technik, Fortschritt waren bereits lange vor 9/11 ins intellektuelle Störfeuer geraten; damit aber eben auch die bevorzugten Abwehrmechanismen der Moderne gegen das Gefühl der Angst. So dass wir gerade erleben, wie es sich anfühlt, den Zusammenbruch dieser Mechanismen zu erleben – als namenlose Angst.

Um sie nicht aushalten zu müssen, verfallen depressive Gesellschaften in einen Zustand notorischer Unruhe und hektischer Betriebsamkeit. Getrieben von einem rastlosen, ins Leere laufenden Aktionismus gleichen sie ziellos umherlaufenden, fahrig wirkenden, sich in einem übermäßigen Mitteilungsbedürfnis ergehenden Depressiven.

Nicht wenige sind darunter, die Gefahr laufen, durch notorisches Klagen und Jammern irgendwann selbst jene in die Flucht zu schlagen, die es wirklich gut mit ihnen meinen.

V.

Eines der augenscheinlichsten Symptome der kulturellen Depression ist das Ende der allumfassenden – der sogenannten großen (mythologischen, theologischen oder philosophischen) Erzählungen.

Was soll's, erwiderte noch vor kurzem die Postmoderne:

Wo es keine großen Erzählungen mehr gibt, gibt es eben die vielen kleinen Erzählungen.

Wo bitte liegt da das Problem?

Eben in der Erzählung selbst, in der Angewiesenheit auf die Form der Erzählung! Darin, dass wir auf Erzählungen nicht nur nicht verzichten können (wer könnte leben, ohne in der Lage zu sein, sein Leben zu erzählen?), sondern buchstäblich alles immerzu in die Form der Erzählung pressen, also narrativ überformen müssen.

So dass Helmut Markworts Merksatz von einst: *Fakten, Fakten, Fakten,* heute eigentlich lauten müsste: *Geschichten, Geschichten, Geschichten.*

Genau deshalb hat nun nach dem Ende der großen Erzählungen die Sternstunde des Journalismus geschlagen. Denn der ist ja anders als Wissenschaft, Religion, Mythos nicht für die großen, sondern immer schon nur für die kleinen Erzählungen zuständig. So hat nach dem Ende der großen Erzählungen im Journalismus das anthropologische Bedürfnis des Tratschs den Sieg über die Gesellschaftskritik davongetragen. Statt der großen Erzählungen gibt es nur mehr kleine, statt der einen großen metaphysischen oder wissenschaftlichen Erzählung eben viele, die ganz der wirklichen, häufig genug oberflächlichen Welt verpflichtet sind.

Und das Problem?

Liegt nur zum Teil darin, dass die vielen Erzählungen nicht mehr ineinander übersetzbar sind und wir im Medienzeitalter tatsächlich zu babylonischen Zeiten scheiternder Turmbauten zurückgekehrt sind.

Denn auch dieser Umstand hätte noch nicht das Zeug zum ausgewachsenen Problem, gäbe es da nicht weiterhin den metaphysischen Hunger nach großen Erzählungen – oder, wo diese nicht mehr möglich sind, nach kleinen. Sodass heute die Welt in Geschichten mit genau begrenzter Aufmerksamkeitsdauer, in Häppchen daherkommt, um diesen Hunger zu stillen. Viele Häppchen – das lehrte uns die Postmoderne – machen doch auch satt, irgendwie.

Das stimmt. Doch machen sie nie wirklich satt, und wenn, dann immer nur für den Augenblick. Es gibt einen Hunger, der bleibt. Weil es aber nur mehr Häppchen gibt, kleine Erzählungen, all überall, stürzt sich der große Hunger nach den großen Erzählungen auf das, was von ihnen übriggeblieben ist. Journalismus, Literatur, alte und neue Medien, vor allem das in den neunziger Jahren schon einmal totgesagte Kino sind angetreten, diesen schier unersättlichen Hunger zu stillen. Und dass er unersättlich ist, dieser Hunger, weil er ja gar kein irdischer Hunger ist, macht die kleinen Erzählungen noch alternativloser, unverzichtbarer und damit wertvoller.

Doch der Hunger nach Erzählungen, die Collective Narrative Binge Eating Disorder unserer Zeit vermag nicht darüber hinwegzutäuschen, dass die Erzählung als Form mit ihrer Aufgabe schlicht überfordert ist. Die Sinngebung des Sinnlosen allein ihr zu überlassen heißt, sie zu überfordern.

Wenn daher Kino, Theater, Journalismus, Wissenschaft zuletzt am Anspruch der Erzählbarkeit der Welt gemessen werden, und wenn selbst der Roman nach dem Wunsch der Verleger heute nicht charakter-, sondern story-driven sein muss, wenn daher alles gut und richtig ist, solange nur eine Geschichte dabei herauskommt, dann zeigt sich darin, wie unzumutbar ist, was wir dem Narrativ zumuten. Dass es nämlich als Form in der Lage sein soll, für einen Sinn einzustehen, den die Welt längst verloren hat.

Daher rettet sich, wie einst Sheherazade, der Zeitgeist nun von Erzählung zu Erzählung. Sie aber ist ihm kein wie auch immer gearteter ästhetischer oder epistemischer Zweck, sondern nur noch Mittel des Überlebens. Solange sich noch berichten lässt, vom Lauf der Dinge, auf CNN, BBC World News oder im Tageschau-App, scheint seine Fortsetzung gewiss.

Derart funktionalisiert muss die Erzählung einem Anspruch gerecht werden, dem sie nicht gerecht werden kann. Als Vermittlerin zwischen metaphysischem und physischem Sinn, zwischen Allgemeinem und Besonderem kann die Erzählung Sinn nur in der Konkretion der berichtend-beschreibenden Folge von Ereignissen erzeugen. Die Gleichzeitigkeit des Ungleichzeitigen, vor allem aber das Systematische einer begrifflichen Analyse, es bleibt ihr verwehrt.

So ist es nicht das Ende der großen Erzählungen, die Gesellschaften rund um den Globus in depressive Zustände versetzt, sondern die notorische Überforderung des Narrativs.

VI.

Was unterdessen eingetreten ist, mag man mit einigem Recht Notfallreaktion nennen – das Ungeheuer der eurozentrischen Leitkultur. Gemeint ist der sogenannte Humanismus der Werte, der tatsächlich längst zum Nihilismus mutiert ist. Von Benn und Nietzsche einst vorausgesagt, ist dieser Humanismus heute als Derivat christlicher Sozialethik allgegenwärtig. Sein Erkennungszeichen ist die Abstraktion. So ist Menschlichkeit längst ein Wert geworden, auf den sich jeder verpflichten kann. Seine Allgemeinheit, seine universale Anschließbarkeit macht es möglich. Befreit von der Konkretion der Erfahrung, befreit von jeglicher Nötigung zum Handeln mutiert der Humanismus unserer Tage zum Oxymoron eines Humanismus ohne Menschlichkeit.

An die Stelle des Humanismus tritt in der Verrechtlichung der europäischen Verhältnisse dann das Prinzip der Rechtsstaatlichkeit in Gestalt des Legalismus. Dass der Begriff des Menschrechts auch das Recht des Menschen auf Anerkennung seines individuellen Schicksals durch die Gemeinschaft enthält, wird dabei gern vergessen. Wohl nirgendwo ist das Prekäre unserer Lage deutlicher zu spüren.

VII.

Dabei ist die depressive Gestimmtheit des Zeitgeistes eine direkte Reaktion auf den Verlust von Bindung, der sich in der Moderne vollzieht.

Die Moderne in ihrem Versuch, unsere Vorstellungen und Überzeugungen auf Vernunft zu gründen, ist im Kern eine Verführung zur Bindungslosigkeit – gefeiert in der Abstraktion des Denkens, der Autonomie des Subjekts, der Verrechtlichung der Verhältnisse, aber einst gefürchtet von Rousseau über Schiller, Marx und Adorno als Entfremdung. Sie ist mittlerweile zur Charaktermaske unserer Tage verkommen, der Coolness.

Allerdings ist mit dieser Bindungslosigkeit untrennbar die Idee der offenen, pluralen Gesellschaft verbunden – und damit so ungeheuer viel von dem, was uns wichtig und teuer ist und nur die ewig Gestrigen nicht als Fortschritt zu würdigen wissen.

Gegen diese Bindungslosigkeit rühren sich Widerstände, nicht erst seit es IS oder PEGIDA gibt, nicht erst seit den weltweiten antimodernistischen Bewegungen unserer Tage. Die Vorbehalte gegen das Projekt der Moderne sind so alt wie dieses Projekt selbst. Und es sind immer Vorbehalte gegen die Bindungslosigkeit, mit der die Moderne einhergeht. Tatsächlich verlangt die Moderne dem Menschen in einem nie gekannten Ausmaß ab, ohne feste Bindung auszukommen – jedenfalls ohne letzte Überzeugungs-, gar Glaubenssysteme, ohne letzte Bindung an eine Nation oder Großgruppe, ohne Bindung an einen einzigen Lebensentwurf, eine metaphysische Ordnung oder gar an einmal eingegangene Bindungen zu anderen Menschen. Bindung gibt es unter den Bedingungen der Moderne nur noch auf Widerruf!

Das aber schafft Unsicherheiten. Der Schutz durch eine Gemeinschaft der Gleichgesinnten, Gleichüberzeugten, Gleichfühlenden schwindet. Risiko wird zur bestimmenden analytischen Kategorie der Soziologie – Angst zum Grundbegriff einer Psychologie der Moderne. Angst nicht aushalten zu wollen und Risikokosten, die mit dem Verlust von Bindung und Gemeinschaft einhergehen, nicht tragen zu wollen, ist aber mehr als nur ein Menschrecht. Es ist menschlich. Jedes Festalten an Dogmen ist eine Form, diese

Angst abzuwehren. Sie deshalb als unberechtigt abzutun, als bloße Abwehr, zeigt nur: Die aufgeklärt daherkommende intellektuelle Geringschätzung der Angst ist selbst unaufgeklärt. Sie übersieht, dass auch jedes Votum für die offene, plurale, demokratische Gesellschaft Angst abwehrt – die Angst vor Totalitarismus und Willkür. Wer sagt: »Vergesst eure Leitkultur!«, läuft Gefahr zu vergessen, dass er selber einer folgt: derjenigen der modernen Bindungslosigkeit. Wie gut auch immer die Gründe sind, dieser Leitkultur zu folgen und die mit ihr verbundenen Kosten zu tragen (weil sie geringer sind, als die Kosten, die geschlossene Gesellschaften ihren Bürgern aufbürden) – die Entscheidung, welche Gründe als hinreichend anerkannt werden, ist, wie bei allen letzten Fragen, durch die Gründe nicht mehr gedeckt. Auch die Vernunft, die ja beansprucht, über Gründe immer noch einmal mit Gründen urteilen zu können, liefert längst keine letzten Wahrheiten mehr. So bleibt eine durch letzte Gründe nicht mehr bestimmte Menschheit sich selbst überlassen und ihrer grundstürzenden Freiheit ausgeliefert. Der daraus erwachsende Widerstand gegen die Moderne ist ein Widerstand gegen diese zutiefst verstörende und überfordernde Zertrümmerung von Bindung. Als solcher aber ist er in der Moderne, im Begriff der Moderne immer schon angelegt.

VIII.

Am Anfang der Charakterbildung steht gleichwohl das Vermögen, Bindungen einzugehen, aufzubauen und zu erhalten, Bindungen zu Menschen, Dingen, Vorstellungen – im Jargon der Psychoanalyse: Objekten.

Wird dieses Vermögen nachhaltig gestört, entstehen Bindungsstörungen. Bindungen werden dann entweder vermieden und gar nicht erst eingegangen. Oder sie werden eingegangen und dann mit Verlustangst besetzt.

Beim Depressiven ist genau dies letztere der Fall. Er bindet sich und leidet, sobald er sich gebunden hat, unter dem tatsächlichen oder imaginierten Verlust der Bindung. Das Leiden an diesem Verlust führt zur typisch depressiven Symptomwahl: Weinerlichkeit, Trauer, Hilf- und Hoffnungslosigkeit, Passivität und Antriebslosigkeit.

Darunter jedoch liegt meist das genaue Gegenteil, eine buchstäblich mörderische Wut. Diese richtet sich ursprünglich gegen den Verursacher der Störung. Da die üblichen Verursacher von Bindungsstörungen jedoch in der Regel Eltern sind und Kinder ihre mörderische Wut nur um den Preis ödipaler – also tragischer Schuld gegen die eigenen Eltern richten können, wenden sie jene mörderische Wut gegen sich selbst. Und sobald sie das getan haben, sieht Wut gar nicht mehr aus wie Wut, sondern wie Trauer oder Melancholie. Doch ist es eben die verdeckte (und in therapeutischen Prozessen stets aufzudeckende) Wut, die Depression von Trauer oder Melancholie unterscheidet.

Im Fall von Gesellschaften sind nun die Verursacher von Störungen in den Beziehungen zwischen diesen Gesellschaften oder Teilen von Gesellschaften meist nicht auszumachen. Sie gehören entweder einer fernen Vergangenheit an oder sind überhaupt nicht zu personalisieren.[1]

Bindungsstörungen, wie die in modernen Gesellschaften allgegenwärtige Entfremdung, haben also überhaupt keine adressierbaren Verursacher, gegen die sich die aus der Störung erwachsene Frustrationsaggression richten könnte. Wut aber benötigt etwas, wogegen sie sich richten kann, sie bedarf eines Adressaten. Fehlt ein solcher Adressat, wird sie wahllos und wählt sich irgendein Opfer aus, eine Minderheit oder eine Interessengruppe. Diese

1 Die Ideologie der RAF basierte demgegenüber noch auf der irrigen Annahme, für die kollektive Bindungsstörung seien Einzelne zur Verantwortung zu ziehen, die es deshalb verdienten, zum Objekt mörderischer Wut zu werden.

Wahllosigkeit vergrößert die Schwere der Schuld gegenüber den Opfern.

Doch ist es nicht allein die besondere Schwere der Schuld, die hier nach Sühne ruft. Jeder Täter, jeder, der Schuld auf sich geladen hat, sieht sich dem Bedürfnis nach Sühne ausgesetzt. Nicht aus irgendeinem masochistischen Bedürfnis heraus, sondern schlicht, um sich zu ent-schulden, sich also von der Schuldenlast zu befreien. Denn unter der nicht eben geringen Zahl der unerträglichen Gefühle zählt Schuld zu den Unerträglichsten.

Auch Gesellschaften, die schuldig geworden sind, haben das Bedürfnis, nicht selten nachgerade den Zwang, sich zu ent-schulden. Auch sie kennen dazu ein bevorzugtes Mittel: die mitunter bis zur Selbstvernichtung reichende Selbstbestrafung.

So haben sich die europäischen Kolonisatoren für die Grausamkeiten, die sie anderen Völkern angetan haben, im ersten Weltkrieg selbst bestraft. Und so spricht viel dafür, dass auch die kollektive Depression der Gegenwart der Ausdruck, das Symptom einer solchen Selbstbestrafung ist – und damit das indirekte, verdeckte Eingeständnis einer Schuld. Denn Schuld hat das Europa des letzten Jahrhunderts genug auf sich geladen.

Wenn aber die Nachfahren für die Vergehen ihrer Vorfahren einstehen, wie das zwanzigste Jahrhundert für die Vergehen des neunzehnten eingestanden ist, wie wird dann die Buße aussehen, die das einundzwanzigste Jahrhundert zu leisten haben wird?

IX.

Nietzsche, dem die Depression dem Namen nach keine geläufige Diagnose war, nannte die Depressiven, dem psychodiagnostischen Vokabular des neunzehnten Jahrhunderts gemäß, die »*Schwindsüchtigen der Seele: kaum sind sie geboren, so fangen sie schon an zu sterben und sehnen sich nach Lehren der Müdigkeit und Entsagung.*

... Ihnen begegnet ein Kranker oder ein Greis oder ein Leichnam; und gleich sagen sie: ›das Leben ist widerlegt!‹ Aber nur sie sind widerlegt und ihr Auge, welches nur das eine Gesicht sieht am Dasein.«[2] Diese Schwindsüchtigen, Nietzsche nennt sie mitunter auch »*Prediger des Todes*«, begegnen ihm dabei nicht nur in ihrer müden und gehemmten, sondern auch in ihrer agitierten Gestalt: »*und auch ihr, denen das Leben wilde Arbeit und Unruhe ist: seid ihr nicht sehr müde des Lebens? Seid ihr nicht sehr reif für die Predigt des Todes? Ihr alle, denen die wilde Arbeit lieb ist und das Schnelle, Neue Fremde – ihr ertragt euch schlecht, euer Fleiß ist Fluch und Wille, sich selber zu vergessen.*«[3]

Das Beklemmende daran für uns Heutige ist das Zeitgemäße der Betrachtung, die Wiederkehr der gleichen schwindsüchtigen Todesprediger und Endzeitgestimmten heute.

X.

Von Nietzsche her gesehen wird ein Grund der kollektiven Depression unserer Tage offensichtlich: der, dass die Menschheit immer noch weit hinter ihren Möglichkeiten zurückgeblieben ist – nicht hinter ihren wissenschaftlich-technischen, aber hinter ihren seelischen Möglichkeiten. Gründe für diesen Rückstand in der Entwicklung der seelischen Kräfte gibt es viele. Nicht zuletzt den, dass der Kapitalismus zwar höchste Ansprüche an die mit Wissenschaft und Technik verbundene Rationalität, aber nur geringe Ansprüche an den Stand der Persönlichkeitsentwicklung stellt. Ihm genügen Egoismus, Habgier, Konkurrenzdenken. Dem entspricht ein auf die ökonomischen Ziele der Leistungsgesellschaft zurechtgestutzter, seelenloser Bildungsbegriff. Was heute als Bildung daherkommt,

2 Friedrich Nietzsche: *Also sprach Zarathustra*, Köln 2005, S. 33.
3 Ders.: ebd., S. 34.

an den meisten Schulen, und wohl ausnahmslos an Hochschulen, weiß mit dem Begriff der Herzensbildung längst nichts mehr anzufangen.

So leben wir in einer Kultur, die glaubt, das Herz getrost verkümmern lassen zu können. Zu lange sah es so aus, als könnte das gutgehen.

XI.

Depressives Erleben ist regressives Erleben, ein Erleben unter den Möglich- und Fähigkeiten des Erlebenden.

Für jeden, der in welcher Form auch immer regrediert, gilt: Sein Bewusstsein sinkt auf frühere Entwicklungsstufen zurück. Der von seiner Frau verlassene Ehemann erlebt die Verzweiflung eines von seiner Mutter zurückgelassenen Sohnes, die Mutter, die von ihrer vierzehnjährigen Tochter attackiert wird, reagiert, als sei sie selbst im Teenageralter.

Regression also ist ein Phänomen, das alltäglicher nicht sein könnte. Und, Hand aufs Herz, wer wäre in der Lage, auch nur einen Tag im Bewusstseinszustand seines Erwachsenen-Ichs zu verbringen? Wir leben ständig unter unseren Möglichkeiten. Weder können noch wollen wir das anders.

Pathologisch ist Regression daher nicht per se, sondern erst da, wo sie zur Abwehr wird.

Und wo wird sie das? In Gegenwart des Unaushaltbaren, bei traumatischen Ereignissen etwa. Ein schweres Erdbeben, ein Gewaltverbrechen, ein lebensbedrohlicher Unfall provoziert auf Seiten der Opfer – häufig genug auch der Beobachter – schwere regressive Zustände. Der Zusammenbruch der Überlebensmechanismen fördert die Regression als letzten Überlebensmechanismus zutage.

Der bevorzugte Habitus der depressiven Regression, der Zustand der klagend-hoffnungslosen Hilflosigkeit, hat beim Kleinkind einst die Bereitstellung von Hilfe und Unterstützung bewirkt. Die an einer Depression erkrankte erwachsene Seele fragt: Warum sollte er das nicht wieder tun?

XII.

Alle vier Jahre wieder inszeniert der amerikanische Präsidentschaftswahlkampf die Überwindung der kollektiven Depression als Regression.

Hillary Clintons zynische Replik auf die Anwürfe der *Black Lives Matter*-Bewegung, ihre Aufgabe als Politikerin sei es nicht, menschliche Gefühle, sondern Gesetze zu ändern, schien das nicht wahrhaben zu wollen. Doch bezeugt ihre eklatante Fehleinschätzung des Politischen nur einmal mehr, wie sehr Gefühle längst keine Privatsache, sondern Mittel und Medium einer Politik geworden sind, die ihren Zweck nicht mehr in der Lösung von Problemen, sondern in der Manipulation von Stimmungslagen sieht. Clintons Herausforderer, Bernie Sanders auf der linken, Donald Trump und Ted Cruz auf der Rechten dürften sich darüber, anders als Clinton, jederzeit im Klaren gewesen sein. Die Kandidatenkür für die Präsidentschaftswahlen, die die Politik in den USA ein Jahr vor den tatsächlichen Wahlen stets so sehr beherrscht, dass alle anderen Themen nachrangig werden, macht aus politisch desinteressierten und fühllosen Bürgern Enthusiasten – ihrer Selbstwahrnehmung nach: Patrioten. Plötzlich und auf Zeit gehören sie einem Kollektiv an, das sich nicht nur hinter einem Kandidaten versammelt, sondern mit diesem lebt und fühlt, sich mit ihm identifiziert.

So besteht die Aufgabe der Kandidaten zu Beginn des Vorwahlkampfs darin, aus vereinzelten Anhängern eine Masse werden zu lassen, eine, mit Elias Canetti zu sprechen: künstliche, einem bestimmten Anlass geschuldete, nicht hochorganisierte, eher primitive Masse. Für deren Besonderheit, Singularität und Identität steht der Kandidat mit seiner Person. Sein (in den USA deshalb ja auch unverzichtbares) Charisma verleiht der Masse der Getreuen Individualität, Identität und Persönlichkeit – etwas, dessen sich viele der Anhänger im alltäglichen Leben gerade nicht mehr gewiss sind. Im Raum des Politischen erhält der Einzelne so eine Erkennbarkeit, eine Identität und nicht zuletzt eine Größe, die ihn sein sonst so sehr entwertetes und gedemütigtes Ich vergessen lässt. Eine Zeitlang darf er wieder teilhaben am American Dream.

Man konnte deshalb im jüngst vergangenen Wahlkampf entweder mit Donald Trump das Lied *Make America great again* singen, mit Marco Rubio auf mehr *Economic Opportunity* hoffen, die Programmschrift von Ted Cruz mit dem Titel *A Time for Truth: Reigniting the Promise of America* lesen, mit Bernie Sanders von einem neuen amerikanischen Sozialismus träumen oder sich Hillary Clintons abgeklärter Idee eines Cool Humanism hingeben. Wer immer einen ins Schwärmen brachte, Hauptsache war ja, man schwärmte. Und die Wahlkämpfer taten und tun bei jedem der amerikanischen Wahlkämpfe alles, um ihre Anhänger ins Schwärmen zu bringen.

Wahlkämpfe in den USA, und natürlich nicht nur dort, sind Inszenierungen kollektiver Regression. Sie verführen eine ganze Nation dazu, sich dem Traum eines besseren Lebens hinzugeben, das es selbstverständlich nie geben wird, in den Größenphantasien einer Weltmacht zu schwelgen oder sich im technizistischen Machbarkeitswahn über die eigene Ohnmacht hinwegzutäuschen. Entscheidend ist, dass in den Delirien dieser Wahlkämpfe all das, was niemals wirklich wird, Wirklichkeit sein darf: die Größe Amerikas, der Traum von der großen Freiheit, das Sich-Erheben über die Begrenzung der eigenen Möglichkeiten.

Regression, von den politischen Führern geschickt als Mittel eingesetzt, dominiert so für ein ganzes Vorwahljahr das politische Amerika und damit die Welt.

Dass es Regression ist, derer sich die Politik da bedient, verleiht dem politischen Geschehen einen unernsten, spielerischen Charakter. Diese Nähe zum Spiel lässt Wahl- und Vorwahlkämpfe in den USA zur politischen Folklore verkommen. Doch das ist nur die eine Seite – diejenige, die auf der vermeintlichen Gewissheit der Erfahrung ruht, dass sich am Ende doch immer politische Vernunft und Verstand durchsetzen und dem Irrsinn alle Chancen auf das Präsidentenamt versagt bleiben.

Doch das Spiel mit der Regression kann auch mal schiefgehen. Und in den Augen vieler ist es das im Falle George W. Bushs schon einmal. Denn der ist in der Wiederaufnahme des von seinem Vater begonnenen, aber nicht zu Ende geführten Irakkrieges ja buchstäblich in die ödipale Rolle des Sohns geraten, der seinen Vater überbieten will. Und man sieht: Hier wie anderswo im Raum des Politischen ist Regression deshalb so machtvoll, weil sie sich der Kontrolle durch Vernunft und Verstand entzieht. Das Argument für diesen Krieg, Saddam Hussein besitze Massenvernichtungswaffen, hatte denn auch nur die Aufgabe, Einwände, die Vernunft und Verstand vorbrachten, zur Ruhe zu bringen. Nur so konnte das regressive Ziel, die Aufwertung des Ichs, die Erhebung des Selbst, das Gefühl eigener Grandiosität ungehindert weiter verfolgt werden.

Regression, die für jeden von uns etwa im Spiel unvermeidbar und sogar wünschbar ist, ist eine Fähigkeit des Erwachsenen-Ichs. Sie wird erst da pathologisch, wo sie der Abwehr unbewusster, unverarbeiteter Konflikte dient.

Was aber wird da abgewehrt, in den Größen- und Allmachtsphantasien, die den meisten kriegerischen Konflikten und allen amerikanischen Wahlkämpfen zugrunde liegen? – Was anderes als das genaue Gegenteil: Ohnmacht, Hilf- und Hoffnungslosigkeit, Verzweiflung – mit einem Wort: die Depression!?

Die Mittel der Abwehr, die Größen- und Allmachtsphantasien aber haben einen malignen narzisstischen Kern. Denn sie machen aus dem Anderen, dem Unvertrauten, dem Fremden: das Böse (schlechthin). Und sie sehen dieses Böse dann inkarniert im Einwanderer, Kriminellen, Homosexuellen, in einem bestimmten Diktator oder Regime – oder eben je nach Standpunkt auch in Donald Trump.

Bösartig ist aber nicht schon der, der als anderer erkannt wird, sondern die narzisstische Urteilskraft selbst. Denn die bedient sich zur Aufwertung des Selbst stets der Abwertung des Anderen. Und sie ist angewiesen auf diesen entwürdigten Anderen. Sie braucht ihn zur Regulierung des eigenen Selbstwerts. Aus erfahrenem Unrecht leitet sie das Recht ab, selbst Unrecht zu begehen, indem andere bekämpft, erniedrigt werden, wenn auch am Anfang zumeist nur mit Worten.

Der amerikanische Wahlkampf bildet dazu das Lehrstück. Wer es durchlebt und überstanden hat, darf sich als auserwählt betrachten, um in den Kampf zu ziehen – in den Kampf der Kulturen.

XIII.

Das Schlimme an der Regression ist, dass sie zur Unzeit geschieht. Dann, wenn sie am wenigsten erwartet wird, ist sie der Igel, der zum Hasen ruft: »Ick buen all hier.« Unbemerkt ist sie längst angekommen in der Gegenwart. Ein blinder Aktivismus hat sie unsichtbar gemacht, ein Streben nach immer weiter, immer schneller hat ihr den Sexappeal des Fortschritts verliehen.

Allerdings eines Fortschritts einzig um des Fortschritts willen. Dieser Fortschritt, lange Zeit und bis in unsere Tage hinein

Mantra, Motto und Leerformel der gesellschaftlichen Entwicklung, hat für alle Eventualitäten gesorgt, nur nicht für die der Regression.

Da die Regression aber immer dann am größten ist, wenn auch die Not am größten ist, trifft sie denjenigen, den sie ereilt, stets unerwartet. Gerade dann, wenn er alle seine Geistes- und Seelenkräfte am meisten bräuchte, in der Not, sorgt die Regression dafür, dass sie ihm am wenigsten zur Verfügung stehen.

Und wieso sollte es hier einen Unterschied machen, wer von ihr betroffen ist, ob der Patient ein Einzelner oder eine Gesellschaft ist?

XIV.

Das gefühlte Alter des Depressiven ist stets das des in der oralen Phase Verhafteten, als deren Opfer er sich begreift. Die frühe Unterversorgung, das ewige Zu-kurz-gekommen-Sein hat Spuren hinterlassen, Narben auf den Seelen des Bedürftigen. Ihr Ausdruck: die in den reichsten Ländern der Erde ubiquitäre Klage der Zu-kurz-Gekommenen.

Diese Klagesucht zeigt sich bei genauem Hinsehen als genaues Gegenteil des Prinzips der Selbstwirksamkeit, das in der Leistungsgesellschaft fest verankert ist. Ihm setzt der Depressive die Erfahrung seiner Selbstunwirksamkeit entgegen. Die Klage ist seine Form des Widerstands gegen die Verabsolutierung des Täterprinzips durch die Leistungsgesellschaft – also dagegen, dass jeder für alles selbst verantwortlich ist. Doch ist es nicht Trotz allein, der den Widerstand des Depressiven begründet, reiner Oppositionsgeist, reine Renitenz.

Hinter der depressiven Klage verbirgt sich ein tiefes, vielleicht das menschlichste Bedürfnis überhaupt: das nach keiner Tat, keiner Leistung geschuldeter Anerkennung.

Im depressiven Menschen, erst recht in der Volkskrankheit der Depression müssen moderne Überschuss- und Verschwendungsgesellschaften ihren größten Mangel erkennen: den Mangel an bedingungsloser Anerkennung. Gäbe es hiervon nicht immer viel zu wenig, sondern mehr als genug, kaum auszudenken, wie sie aussähe, die Welt, in der wir leben.

Die hysterische Gesellschaft

I.

Die ICD 10, die *International Classification of Diseases* beschreibt den Hysteriker als eine durch äußere wie innere Bilder leicht beeinflussbare, zu sprunghafter, labiler Affektivität neigende Persönlichkeit. Und sie ergänzt diese Charakterisierung um sein Verlangen, im Mittelpunkt der Aufmerksamkeit zu stehen und die Neigung zu übertriebenem Ausdruck von Gefühlen sowie einen ausgeprägten, das Körperliche einbeziehenden Hang zum Egozentrismus.

Hysteriker leben im Gefühl – in ihrem eigenen, oft ins Theatralische gesteigerten Gefühl, vor allem aber leben sie in dem Eindruck, den sie in anderen bei ihrer beständigen Suche nach Aufmerksamkeit und Anerkennung hervorrufen. Ja, es ist der anerkennende Blick des Anderen, an dem sie Halt suchen und Ruhe und Sicherheit, vor der beständigen Gefahr der Zurückweisung. Bei alle dem sind es zwei Merkmale, für die Hysteriker berühmt sind: zum einen ihre hohe Reizbarkeit und die daraus resultierende Suggestibilität – die bereits Charcot an der Pariser Salpêtrière zur Entwicklung der medizinischen Hypnose nutzte –, zum anderen jenes unstillbare Bedürfnis nach schier grenzenloser Freiheit. Es gründet in der Überzeugung, jede Bestimmtheit, jede Festlegung sei eine Mortifikation des Gefühls, eine Form der Unterdrückung. Und so ist jede Regung des Hysterikers ein Aufbegehren gegen den geringsten Anschein von Herrschaft.

II.

Hysterie, nicht als individueller, sondern als kollektiver Modus der Konfliktbearbeitung ist ein vor allem unter dem Namen *Massenhysterie* vertrautes Phänomen. Manch einer mag dabei zuerst an die gellenden Schreie pubertierender Teens bei einem Konzert der Beatles denken. Denn tatsächlich begünstigen Personenkulte wie die um Rudolph Valentino, Stalin, Lady Di oder eben die Beatles das Auftreten von Massenhysterien. Doch ist die übergroße Erregung großer Menschenmengen, also die Minimaldefinition der Massenhysterie, nicht an die kulthafte Verehrung einzelner Personen gebunden. Auch der sogenannte McCarthyism, der eben keine Verehrung des republikanischen Senators Joseph McCarthy, sondern die paranoide Angst einer Masse vor kommunistischer Weltherrschaft war, gibt ein Beispiel für den hysterischen Zustand eines Kollektivs; oder auch die Hexenverbrennungen des Mittelalters oder die im Alten Testament geschilderten Massenpaniken.

Und wer sich vergegenwärtigen möchte, wie anfällig gerade Kollektive für hysterische Zustände sind, muss sich nur an die plötzlich auftretende Angst vor der Verbreitung von BSE in den neunziger Jahren oder dem Anthraxpulver nach den Anschlägen von 9/11 erinnern. Auch das Waldsterben oder, wer hätte das gedacht, die Terrorismusgefahr, stehen im Verdacht Massenhysterien auszulösen.

III.

Das entäußerte, also zur Schau getragene Gefühl ist dabei das Medium des Hysterikers wie auch das der Politik. Das wird nirgendwo deutlicher als da, wo Politik sich hysterisch und Hysterie sich politisch geriert: da, wo der Taumel des Gefühls nicht nur kollektiv erlebt, sondern auch massenmedial inszeniert wird. Man erinnere sich an den Mauerfall 1989, die Fußball-Weltmeisterschaft in Deutschland 2006 oder, am entgegengesetzten Ende der Gefühlsskala: 9/11, die Reaktorkatastrophe von Fukushima, *Charlie Hebdo*, Griechenlandpleite oder die sogenannte Flüchtlingskrise. Diese Beispiele genügen vielleicht schon, um zu zeigen, wie sehr der Ausnahmezustand des Gefühls nicht eine auf vergangene Zeiten beschränkte Ausnahme, sondern längst zur Regel geworden ist.

Verstärkend wirkt hier der Umstand, dass, auch wenn sie sich selbst das nicht gerne zugesteht, Politik immer schon mit Gefühlen gerechnet und sich Gefühle immer schon zunutze gemacht hat. Denn Gefühle, das ist die erste Lektion, die nicht erst moderne Mediengesellschaften ihre Beobachter lehren, lenken Aufmerksamkeit. Um Aufmerksamkeit zu fokussieren, müssen Gefühle aktiviert werden. Und keine Entscheidung wäre möglich ohne Gefühl – erst recht keine Wahlentscheidung. Die reine Vernunft wählt nicht. Der reine Verstand, der Mittel an Zwecken misst, entscheidet nicht.

Irgendwie haben wir das immer schon gewusst. Aber auch diejenigen, die es nicht wissen wollten, mussten in den neunziger Jahren die Studien des portugiesischen Hirnforschers Antonio Damasio zur Kenntnis nehmen: Hirne, die zur emotionalen Bewertung von Informationen (etwa aufgrund einer Verletzung) nicht mehr fähig sind, verlieren ihre Fähigkeit, Entscheidungen, erst recht weitreichende, zu treffen.[4] Es muss zum Denken ein Gefühl, eine als Zustimmung interpretiere Körpersensation hinzutreten, damit aus einem bloßen Gedanken eine Überzeugung, aus einem bloßen Wert ein Grund des Handelns wird. Der Raum der reinen Vernunft ist dem Denken vorbehalten, das Handeln jedoch bedarf des Gefühls.

4 Antonio Damasio: *Descartes' Error. Emotion, Reason and the Human Brain*, Putnam 1994.

Doch dass sich Politik im Medium des Gefühls ereignet, dass sie sich des Gefühls ebenso bedient wie sie seiner bedarf, macht sie für den Ausnahmezustand des Gefühls, für die Hysterie, nur umso empfänglicher.

IV.

Den Gegner in den Zustand der Hysterie zu versetzen ist im Zeitalter der Psychopolitik ein Mittel und nicht selten sogar das Ziel der politischen Auseinandersetzung. Der Ausnahmezustand des Gemeingefühls nach den Anschlägen in Madrid, London, Paris, Brüssel und Berlin ruft das nachdrücklich in Erinnerung. Den Gegner in Angst und Schrecken zu versetzen, da, wo er nicht fliehen kann, auf seinem eigenen Territorium, in den Zentren seiner kollektiven Identität, den Hauptstädten, um ihn, da man ihn militärisch nicht schlagen kann, doch noch zu besiegen, gehört unverkennbar zur Strategie der Unterlegenen in den modernen, asymmetrischen Kriegen. Dass Tage nach den Attentaten von Paris in Frankreich Stadtteile abgeriegelt, in Deutschland Fußballstadien gesperrt und in den USA Flugzeugen die Starterlaubnis verweigert wurde, zeigt, dass die beabsichtigte Wirkung auf das Seelenleben des Gegners – auf uns – erreicht wurde. Der überlegenen Militärtechnik des Westens begegnen die Unterlegenen mit der Verbreitung von Angst und Schrecken. Damit verlagert sich der Schauplatz des Kampfes. Geländegewinne werden nun auf den Landkarten des Inneren vermessen. Und es zeigt sich: Auch die größte militärische Macht kennt einen Feind gegen den sie machtlos ist, die eigene Angst. Nur mühsam gelingt es, sie im Zaume zu halten, den Ausnahmezustand des Gefühls abzuwenden. Nicht selten offenbart ihr gegenüber die Politik des Westens die eigene Hilflosigkeit. François Hollandes erste öffentliche Reaktionen nach den Anschlägen von Paris lauteten bekanntlich: *Frankreich ist im Krieg!* und: *Wir wer-*

den erbarmungslos sein! – als hätte das nicht jeder schon gewusst; als könne dem Schrecken nur immer wieder mit Schrecken begegnet werden.

Einfalls- und Hilfslosigkeit sind nicht erst nach den Anschlägen von Paris und Berlin Ausdruck eines dauerhaften kollektiven Erregungszustandes des Westens, den zu erhalten das Ziel eines jeden weiteren Anschlags ist. Er trägt alle Merkmale einer kollektiven hysterischen Angststörung. Jeder ist jederzeit bedroht; niemand kann sich mehr auf seinen Verstand und seine Urteilskraft verlassen. Das lähmt die Phantasie, die nötig ist, um vorgegebene Deutungs- und Handlungsmuster zu verlassen, ebenso wie das Vertrauen in die eigene Kraft und die Fähigkeit zur Veränderung.

Dass diese zu Markte getragene Einfalls- und Hilflosigkeit so tut, als sei sie alternativlose Realpolitik und dass diejenigen, die das behaupten, sogar wirklich davon überzeugt sind, heißt freilich gar nichts – außer, dass Überzeugungen auch hier die Funktion haben, etwas abzuwehren. Zu fragen bliebe: was?

V.

Einzelne wie auch Gesellschaften verbringen einen Großteil ihrer Zeit und Aufmerksamkeit damit, Gefühle im Raum des Erträglichen und Angenehmen zu halten. Nicht das Erreichen eines großen Ziels, nicht der Überschwang des Gefühls im Moment des erreichten Glücks ist der eigentliche Zweck ihres Handelns, sondern die Vermeidung des mit Kontrollverlust einhergehenden emotionalen Ausnahmezustands.

Eines der vornehmsten Ziele der Politik ist es daher immer schon, ihre schutzbefohlenen Bürger in dieser Komfortzone zu halten und sie vor hysterischen Erlebnissen zu bewahren. Die utopielosen Demokratien des einundzwanzigsten Jahrhunderts freilich haben dieses Ziel verabsolutiert.

Sie haben eine Politikerklasse hervorgebracht, die nur noch Komfortversprechen abgibt. Jeder Parlamentarier, der diesem Anspruch genügt, darf mit seiner Wiederwahl rechnen. Wer hingegen zuerst den Verbleib in der Wohlfühlzone verspricht, dann aber mit einem *Wir schaffen das!* die Angst vor dem Ausnahmezustand schürt, muss damit rechnen, politisch abgestraft zu werden.

Und tatsächlich, politische Probleme beginnen da, wo Gesellschaften, Teile von Gesellschaften aus dieser Komfortzone geraten – in die Modi des Fight, Flight, Freeze.

Mit diesen archaischen Gefühlslagen sind wir heute wieder konfrontiert. Die Politik, heißt das, ist derzeit nicht mehr, allenfalls gerade noch in der Lage, uns in dem, was man Komfortzone nennen kann, zu halten, an einem Ort des Erlebens also, an dem die emotionalen Belastungen, denen wir ausgesetzt sind, durch die Mechanismen politischen Handelns auf ein gerade noch erträgliches Maß reduziert werden.

Dabei ist es nicht so, dass Politik dies zu früheren und scheinbar besseren Zeiten verlässlich geleistet hätte. Nur sind im Zeitalter nie gekannter technologischer Machbarkeit die Erwartungen, denen Politik sich ausgesetzt sieht, ins fast schon Unermessliche gestiegen. Nur so erklärt sich die Maßlosigkeit der Enttäuschung, die sie zutage fördert, gerade bei denen, die einmal so sehr auf sie gesetzt, in ihr gar eine säkulare Heilsbringerin gesehen haben.

Was heute bleibt von diesem idealistischen Politikverständnis, ist der fast augenblickliche Verlust ihres Charismas, immer da, wo Politik noch einmal versucht, als Verheißung daherzukommen. Zumal sie heute eben mit einer Irritation zurechtkommen muss, der sie früher nicht ausgesetzt war: In einer Welt, in der alles in Datenströme verwandelt wird und so beherrschbar zu sein scheint, provoziert ausgerechnet die der Machbarkeit verpflichtete Politik ein Gefühl von Ohnmacht.

Was sich hier unter anderem rächt, ist der technizistische Machbarkeitswahn. Die Digitalisierung der Welt schien das Mysterium menschlicher Kommunikation in ein mit technischen Mitteln lösbares Problem zu verwandeln. Die freie Kommunikation aller mit allen schien Ende der neunziger Jahre in greifbare Nähe gerückt zu sein. Umso größer war in der Folge die Enttäuschung über eine Politik, die immer wieder an die Grenzen des kommunikativ Machbaren stößt und ihren Wählern diese Grenzen notorisch vor Augen führt.

Dabei vergisst die daraus resultierende Enttäuschung, wie unscharf und ungenau ein Denken ist, das den exorbitanten Fortschritt der Kommunikationstechnologie im zwanzigsten Jahrhundert für einen Fortschritt der zwischenmenschlichen Kommunikation hält. Als seien Verstehen und Informationsübertragung dasselbe. Hier hat das Medienzeitalter in Gefühlsdingen einen hermeneutischen Analphabetismus hervorgebracht. Nicht überall, aber doch da, wo das Verstehen von Gefühlslagen vielleicht am wichtigsten wäre: im Raum des politischen Handelns.

Und dass die politische Rhetorik unserer Tage immer noch eine technokratische ist, der Machbarkeit und dem Fortschritt verpflichtet, zeigt im Grunde nur, wie groß das technokratische Selbstmissverständnis der Politik als Kunst des Machbaren ist.

VI.

Dabei gibt es eine Einsicht, der sich die Politik um den Preis der Unaufrichtigkeit lange schon zu entziehen versucht: *The time is out of joint* – die Welt ist aus den Fugen. Seit den Gewaltexzessen des dreißigjährigen Krieges, den Gräueltaten der Vormoderne, seit den großen, nicht enden wollenden Verheerungen, die mit Beginn der Neuzeit in unregelmäßigen Abständen die Menschheit heimsuchten, kommt die Welt nicht mehr zur Ruhe. Seit den großen Kriegen des zwanzigsten Jahrhunderts, deren Grauen alles übertraf, was bis dahin bekannt war, leidet die Menschheit an den

Symptomen einer ehemals hysterisch, heute posttraumatisch genannten Belastungsstörung: an dem notorischen Gefühl der Verunsicherung, des Kontrollverlusts, an dem nach Traumatisierungen typischen Zustand der überhöhten Erregbarkeit – ebenso wie an wiederkehrenden Flashbacks, in denen die traumatischen Ereignisse von einst noch einmal erlebt werden.

Seit die Zeit mit dem Beginn der Moderne derart aus den Fugen geraten ist, lässt sich die Menschheitsgeschichte deshalb als der fortgesetzte Versuch verstehen, Emotionskontrolle wiederzuerlangen.

Falls man dieses Unternehmen, wie es derzeit aussieht, als gescheitert betrachten muss, falls also auf Dauer keine Rückkehr in die Komfortzone mehr gelingt, wird der Alarmzustand zum Normalzustand der Gesellschaften des einundzwanzigsten Jahrhunderts.

Die für diesen Zustand charakteristische Übererregung kann dabei offen zum Ausdruck kommen, als Bewegung der Flucht oder des Angriffs. Sie kommt aber da, wo Staaten das Gewaltmonopol an sich gerissen und Gesellschaften durch hohe Organisationsgrade die expressiven Wege der Energieabfuhr versperrt oder mit hohen Kosten verbunden haben, nur verdeckt zum Ausdruck – als Rigidität, Sucht oder Zwang.

Gerade unter den Bedingungen der Moderne, in denen der Einzelne trotz individueller Freiheitsgewinne kaum Auswege zur Flucht aus kollektiven Stimmungslagen hat, sind deshalb das Suchtverhalten, wie es sich in bulimischen Kaufattacken äußert, ist Rigidität, wie sie sich gegenüber Zuwanderern zeigt, oder sind Kontrollzwänge, wie sie Terroristen provozieren, Formen, die den Zweck haben, durch kollektive Traumatisierung freigesetzte Energien zu binden und so das außer Kontrolle geratene Erregungsniveau doch noch zu regulieren.

Da man aber vor Traumatisierungen so wenig wie vor dem eigenen Gedächtnis fliehen kann und militärische Gewalt unter aufgeklärt libertären Bedingungen als Verfahren der Emotionsregulation nur im Ausnahmefall erlaubt ist, bleibt den westlichen Demokratien der Rückgriff auf die natürlich-biologischen Stressregulationsstrategien des Fight oder Flight versagt. Was indes bleibt, als letztes Mittel der Gefühlskontrolle, ist Freeze – das Einfrieren der Gefühle, ihre Unterdrückung, im Totstellreflex, in der Schockstarre. Gefühllosigkeit, Affektisolierung oder, zu Neudeutsch, Coolness dienen nun dazu, mit aufgeheizten Stimmungslagen zurechtzukommen, wenn auch nur irgendwie.

Je besorgniserregender die Lage, desto deutlicher tragen mittlerweile auch Politiker diesen in Wirtschaft und Gesellschaft längst etablierten Habitus zur Schau. Das versteinerte Antlitz, in seiner massenmedialen Vervielfältigung propagiert es die immer wieder gleiche Forderung an das vor den Bildschirmen versammelte Publikum: sie endlich ebenfalls aufzusetzen, diese Charaktermaske und, koste es, was es wolle, cool zu bleiben, bloß keine Gefühle zu zeigen, am besten keine zu haben, oder doch nur so viel davon, wie es dem eigenen Wohlergehen zuträglich ist.

Der entscheidende Vorteil dieser Affektisolierung ist dann, dass der Betroffene gar nicht fühlt, was und wie ihm geschieht. Beziehungs- und häufig genug auch erinnerungslos funktioniert er einfach nur weiter, im Autopilot – als wäre alles wie immer.

Die durch Traumatisierungen hervorgerufenen Gefühle, vor allem Angst, Verzweiflung, Wut werden so aber nur stillgestellt, unterdrückt, verdrängt.

Auch Gesellschaften, so individualistisch kalt und kapitalistisch beziehungslos sie sich geben, haben mit Gefühlen zu rechnen, nirgendwo mehr als dort, wo alles aus den Fugen geraten ist.

VII.

Durch den gellenden Aufschrei beim Anblick eines harmlosen Insekts, bei einer Achterbahnfahrt, dem Anblick eines Popstars entlarven die meisten ihre Gefühle ohne Zögern als hysterisch. Geht es um Volkszählung, Waldsterben, BSE, geht es nicht mehr um ein individuelles Erleben, sondern um die kollektive Verarbeitung von Gefühlen, geht indes die Sicherheit des Urteils verloren.

Und genau das ist ein typisches Merkmal von Hysterien! Sie setzen, wie jede Angsterkrankung, die Urteilskraft außer Kraft. Das Vermögen, Anschauungen an Begriffen zu messen, Sachverhalte mit Erfahrungen zu vergleichen – der Verlust dieser Fähigkeit zuerst ist es, der der Hysterie ihren eigentümlich hohen Infektionsgrad verleiht; und dieser wiederum ist nur umso höher, je größer die von der Hysterie ergriffene Masse ist.

Zum Verlust der Urteilskraft kommt bei hysterischen Zuständen aber noch etwas hinzu, das die Unangemessenheit des Gefühls zur Maßlosigkeit macht, nämlich ein gewisser selbstverstärkender Mechanismus. Hysteriker haben die Tendenz noch hysterischer zu werden.

Steigerung ist ein notwendiges Ingrediens einer jeden Hysterie. Sie macht aus Angst Panik, aus dem Gefühl des Kontrollverlusts Paranoia.

Der Verlust der Urteilskraft ist, so gesehen, sowohl Grund als auch Folge der Hysterie. Er ist ihr Symptom ebenso wie eine ihrer Ursachen. Wo aber Urteilskraft abhanden kommt, tritt etwas anderes auf den Plan: Übertreibung. Und um zu sehen, wie sehr der Zeitgeist ein der Hysterie verfallener Geist ist, muss man sich dem Geist – oder Ungeist – dieser Übertreibung zuwenden, der alle Bereiche modernen Lebens erfasst hat.

Dieser allgegenwärtige Ungeist der Übertreibung kennt keine Ereignisse mehr, nur Spektakel. Das Einfachste, Gewöhnlichste straft er mit Nichtachtung. Um etwas anerkennen zu können, muss es außergewöhnlich, spektakulär sein. In einer solchen Kultur des Spektakulären sind Schuhe dann nicht einfach nur Schuhe, sondern Fetische. So wie Fußballer nicht mehr nur Fußballer, sondern Halbgötter sind. Aus einfachen Menschen werden Prominente, aus

Krankheiten Seuchen, denn erst das macht sie interessant, und um das nackte Leben, das kommt und wieder vergeht, wird in Biomärkten, Kirchen oder Fitnessstudios ein Kult betrieben, der so tut, als könnten wir ewig leben.

Wie erwartbar ist da, dass Schulden-, Flüchtlings- oder sonstige Krisen in solchen Gesellschaften keine Krisen mehr sind, sondern Menetekel, auf die nur noch eines folgen kann, der Untergang des Abendlandes!?

VIII.

Wie oft kommt es vor, dass uns ein Ereignis, von dem wir erfahren, vielleicht nicht in Angst und Schrecken versetzt, aber doch beunruhigt? Wobei diese Beunruhigung sich einem Schrecken verdankt, den wir, so sehr wir uns bemühen, nicht fassen können. Was bleibt, ist ein diffuses, unheimliches Gefühl der Beunruhigung. Und wie oft kommt es dabei vor, dass wir das Ereignis, das diesen Zustand auslöste, vergessen, weil wir von etwas anderem abgelenkt wurden?

Waldsterben – ach ja, da war doch mal was. Der Wald stirbt weiter, aber die Aufregung kann kaum noch jemand nachvollziehen, heute.

Volkszählung – ach ja, die gab es auch einmal, aber wer regt sich darüber angesichts von Google, NSA und Staatstrojanern noch auf? An die Stelle der Aufregung von damals sind längst andere Aufgeregtheiten getreten.

So werden Medienuser rund um den Erdball in einem fort in einem kollektiven Erregungszustand gehalten, der eben dadurch hysterisch ist, dass die alten Erregungszustände keine Abreaktion erfahren, sondern bloß vergessen, verdrängt werden. Probleme, Skandale, Irritationen werden ja nicht gelöst, aufgearbeitet, beseitigt (wo sie es werden, ist dies kaum eine Nachricht wert), sondern nur immer wieder durch neue, andere ersetzt. – Wie etwa im Falle des Waldsterbens. Der Waldzustandsbericht von 2012 weist immer noch 60 Prozent des gesamten Baumbestandes als geschädigt, 25 Prozent als schwer geschädigt aus. Und noch der Waldzustandsbericht von 2014 vermerkt: *Seit Beginn der Erhebungen im Jahre 1984 hat sich der Zustand der Nadelbäume leicht verbessert, jener der Laubbäume aber deutlich verschlechtert.*[5]

Was sich indes verbessert hat, ist die Stimmung. Der Wald stirbt weiterhin, ja, aber trotzdem gibt es doch noch genug davon. Der Wald stirbt weiterhin, ja, aber wir haben längst ein parteiübergreifendes ökologisches Bewusstsein.[6] Was brauchen wir mehr? Dass die Dinge geblieben sind, wie sie waren – wen stört das?

Die Reaktion auf das Waldsterben der Achtziger war also hysterisch nicht, weil sie jeglicher realen Grundlage entbehrte. Hysterisch war die kollektive Reaktion von damals erst dadurch, dass das Erregungsniveau in keiner Relation zu dem die Erregung auslösenden Ereignis stand, das Maß der Erregung offenbar andere Gründe hatte.

Das unterscheidet das hysterische Trauma von anderen Traumata: Wer einen Verkehrsunfall beobachtet, wer eine Naturkatastrophe erlebt oder die Nachricht von der lebensbedrohlichen Erkrankung eines nahestehenden Menschen erhält, dem wird den dadurch hervorgerufenen Zustand des Gefühls niemand als Hysterie anrechnen. Hysterisch ist erst die Maßlosigkeit des Gefühls. Und die erkennen wir im Falle des hysterischen Erlebens nicht immer gleich, sondern meist erst im Nachhinein.

5 http://www.bmel.de/DE/Wald-Fischerei/Waelder/_texte/Waldzustand2014.html

6 Und seit 1984 auch eine institutionalisierte Beobachtung des Waldes mit jährlicher Berichtspflicht gegenüber den Mitgliedern des deutschen Bundestages: den Waldzustandsbericht.

IX.

Diese dem Verlust der Urteilskraft geschuldete Maßlosigkeit macht aus Massen, auch das dein Definitionskriterium des Hysterikers, suggestible Wesen. Und es ist diese der Masse eigene Suggestibilität, die ihre Urteilskraft beeinträchtigt.

Doch woher kommt sie, diese Verführbarkeit der Masse, ihre Bereitschaft, sich hypnotischen Zuständen hinzugeben, ihre Leichtgläubigkeit, die sie so anfällig macht für jede Art von Ideologie?

Wohl daher, dass sie nicht diskursiv, schon gar nicht analytisch scharf, sondern, wie bereits Gustav le Bon in seiner *Psychologie der Massen* bemerkt, *in Bildern* denkt.

Der einfachste Vorfall, von der Masse gesehen, schreibt le Bon, *ist sofort ein entstelltes Geschehnis. Sie denkt in Bildern, und das hervorgerufene Bild löst eine Folge anderer Bilder aus, ohne jeden logischen Zusammenhang mit dem ersten. Diesen Zustand verstehen wir leicht, wenn wir bedenken, welche sonderbaren Vorstellungsreihen zuweilen ein Erlebnis in uns hervorruft. Die Vernunft beweist die Zusammenhanglosigkeit dieser Bilder, aber die Masse beachtet sie nicht und vermengt die Zusätze ihrer entstellenden Phantasie mit dem Ereignis. Die Masse ist unfähig, das Persönliche von dem Sachlichen zu unterscheiden. Sie nimmt die Bilder, die in ihrem Bewusstsein auftauchen und sehr oft nur eine entfernte Ähnlichkeit mit der beobachteten Tatsache haben, für Wirklichkeit.*[7]

Wenn aber die Masse ihre Suggestibilität zu einem erheblichen Teil dem Umstand verdankt, dass sie nicht wie der analytische Verstand in Begriffen, sondern wie das Unbewusste in Bildern denkt, was bedeutet es dann, dass das Bild die symbolische Leitwährung unserer spätkapitalistischen Kultur ist – und nicht mehr das Wort oder die Schrift? Was heißt es erst, dass diese Bild-Kultur

7 Gustav le Bon: *Psychologie der Massen*, übers. v. Rudolf Eisler, 9. Aufl., Hamburg 2014, S. 44 f.

sich im Zustand der Auseinandersetzung mit einer dem Bild und der Bildlichkeit gegenüber skeptischen, muslimischen Kultur befindet?

X.

Die Leitwährung des Hysterikers ist Aufmerksamkeit – die, die er von anderen benötigt, nicht die, die er schenkt. Und obwohl er dadurch gleichwohl den Anschein erweckt, es seien Kontakt und Nähe, die er sucht, ist das genaue Gegenteil der Fall. Kontakt, Nähe ist genau das, was der Hysteriker nicht aushält. Die Hysterie ist eine Kontaktstörung. Der Hysteriker täuscht mit seiner Aufmerksamkeit heischenden Natur sich und andere darüber nur hinweg. Er will so scheinen, als suche er Kontakt zu anderen, am liebsten zu allen anderen, doch hält er nichts weniger aus als eben diesen Kontakt.

Ausdruck dieser Selbsttäuschung ist die Ideologie der Mediengesellschaften, die sich und andere glauben machen, sie seien Kommunikationsgesellschaften. Erinnert sei nur an die völkerverständigende Verheißung des Internets in seiner Frühphase, nun sei es möglich, dass endlich alle mit allen kommunizieren, nun, so der Glaube, sei sie endlich möglich: die demokratische Öffentlichkeit, der Raum der gemeinsamen sozialen Erfahrung, der Kontakt aller mit allen. Doch der soziale Typus des Nerds, die massenweise Vereinsamung einer heranwachsenden Generation vor ihren stromlinienförmigen Devices macht deutlich, um Kontakt geht es hier nur auf der Schwundstufe des Begriffs. Noch so viele Likes, die einer erhalten mag, können darüber nicht hinwegtäuschen – und versuchen es gar nicht erst.

Modernen Gesellschaften, die einen Aufmerksamkeitsfokus nach dem anderen produzieren, geht es nicht eigentlich um Aufmerksamkeit, nicht einmal in ihrer wissenschaftlichen Gestalt als der bestmöglichen Beobachtung der Wirklichkeit. Wer Aufmerksamkeit für das höchste Ziel solcher Gesellschaften hält, vergisst darüber, dass sie ein Mittel ist. Ein Mittel, um etwas anderes zu bekommen: Geld, Einfluss, Herrschaft (über Mensch oder Natur), und allem voran immer wieder: Anerkennung.

Denn wäre die Aufmerksamkeit kein Mittel, würde sie stattdessen um ihrer selbst willen gesucht, würde etwas anderes darüber plötzlich zur Tugend: der Müßiggang, die Kontemplation, das Versenken in den Augenblick.

Wie weit aber sind wir davon entfernt?

In dieser für Hysteriker typischen Instrumentalisierung der Aufmerksamkeit liegt ihre Pervertierung. Sie gibt nur vor, im Dienste des Gegenstands zu stehen, doch ihr genaues Gegenteil, nämlich Ablenkung ist das Ziel des vorherrschenden Aufmerksamkeitsfetischismus.

Die medial eingeübte und aufrechterhaltene Fixierung auf Aufmerksamkeit will die Gegenstände gerade nicht voll erfassen, sondern, im Gegenteil, vergessen.

XI.

An die Stelle der Aufmerksamkeit, für die das Wörterbuch Synonyme wie Andacht, Augenmerk, Geistesgegenwart bereithält, ist in hysterischen Gesellschaften die Erregung getreten. Werden Gesellschaften hysterisch, so fürchten sie nichts so sehr wie die gefühls- und erregungsarme Langeweile. Eben deshalb suchen und schaffen sie immer wieder neue Erregungsgipfel. Ihre Akteure stürzen sie so in ein dauerndes Wechselbad der Gefühle, in einen Zustand andauernder Alarmierung.

Die mittlerweile gar nicht mehr neue Unübersichtlichkeit bringt das auf den Begriff. Die Internationalisierung von Wirtschaftsbeziehungen, die Ortlosigkeit des digitalisierten Wissens, der Umstand, dass in den westlichen Gesellschaften das Sozialstaatsprojekt seine utopische, zukunftsgestaltende Kraft verloren hat und globalisierte Gesellschaften keine exemplarische, ihrer Gegenwart Sinn und Orientierung verleihende Vergangenheit mehr kennen[8], hat längst da hin geführt, dass niemand mehr wirklich weiß, wo es lang geht. Der Kapitän hat das Schiff verlassen. Die aus dem Maschinenraum haben längst das Steuer übernommen. Sie wissen auch nicht, wo es lang geht. Doch das zu wissen ist auch nicht ihre Aufgabe. So kennen sie nur eine Sorge, die, dass der Treibstoff ausgehen, die Maschinen ihren Dienst versagen und nicht weiter laufen könnten, nur immer weiter, egal wohin. Ab und zu, heißt es, am Horizont seien weiße Segel gesichtet worden. Nur glaubt man ihnen nicht, diesen Berichten, hält sie für dem Wahn geschuldete Wahrnehmungen oder schlicht Déjà-vus.

XII.

Mit dem Vertrauen in die sinnlich oder technisch produzierten äußeren Bilder ist am Ausgang der Moderne auch das Vertrauen in die inneren Bilder verlorengegangen. Oft genug muss es deshalb auf therapeutischem Wege wiederhergestellt werden.

So gibt es im Zeitalter der Globalisierung an äußeren wie inneren Bildern keinen Mangel; es gibt sie im Überfluss. Da ihnen aber nicht mehr vertraut wird, bleiben sie, eingesperrt in Diskurskanäle und Sinnreservate, trotz aller Wirkungsmacht doch immer auch eigentümlich belang- und folgenlos. – Dabei sind es häufig genug Bilder des Elends und des Krieges, die gerade durch den ihnen ei-

8 So die zentralen Thesen von Jürgen Habermas, in ders.: *Die Neue Unübersichtlichkeit. Die Krise des Wohlfahrtsstaates und die Erschöpfung utopischer Energien*, in: *Merkur, Jan 1985*, 39. Jg., Heft 431, S. 1-14.

genen Appellcharakter diese Wirkungslosigkeit des Bildes hervortreten lassen.

Schwer getroffen von dem ubiquitären Wertverlust des Bildes ist mittlerweile auch das ästhetische Bild. Wer heute die Biennale in Venedig, das Filmfestival von Cannes, den *Booker Prize* gewinnt, darf darauf zählen, dass sein Werk weltweit präsentiert und beworben wird. Aber er sollte nicht damit rechnen, dass daraus Konsequenzen für die Art, wie zu denken oder gar zu leben sei, gezogen werden. Bilder, literarische, cineastische, gar solche der bildenden Kunst werden mit Aufmerksamkeit bedacht und nicht selten überschüttet. Nur eben auch mit einem eben so großen Misstrauen. Den Appell zum Wagnis, der ihnen innewohnt, glaubt man getrost ignorieren zu können, da sie ja nichts anderes sind als Produkte der menschlichen Einbildungskraft.

Unter diesen generellen Fiktionsverdacht sind längst auch die Sprach- und Denkbilder der Theorie gestellt. Die große Zeit der großen Theorien gehört seit nunmehr dreißig Jahren der Vergangenheit an. Der Argwohn und das Misstrauen gegenüber allem, was Bild ist, hat längst auch die Theorie erfasst.

Der Geist der Hysterie, heißt das, lebt im Bild, ja, er feiert das Bild, aber er glaubt ihm nicht, misstraut ihm zutiefst.

XIII.

Wo es aber nichts mehr gibt, woran man sich halten kann, schon gar nicht das Bild, wendet sich der Geist der Hysterie der Vergangenheit zu, sucht Halt an dem, was einmal war. Die der Vergangenheit geltende Obsession gerade der modern und fortschrittlich sich wähnenden Gesellschaften ist jedoch nur die Kehrseite ihres Misstrauens gegenüber der Zukunft.

Die Gegenwart sucht Halt. Aber nicht an dem, was sein könnte, geschweige denn ist, sondern an dem, was war. Die Toten sollen einstehen für das Unvermögen der Lebenden der Zeitlichkeit ins Auge zu schauen.

XIV.

Die Abwehr jeglichen, nicht nur philosophischen Tiefsinns, die notorische Fixierung auf Allgemeinverständlichkeit und damit die immerwährende Sorge vor der Überbeanspruchung des Geistes zeigen, wie sehr zeitgenössische Gesellschaften von der Illusion des Hysterikers gefangen gehalten werden, wonach am farbigen Abglanz schon das ganze Leben zu haben sei. Als wäre es möglich, das ganze Leben ohne größte Anstrengung, ohne äußerste Zumutungen für das Denken bekommen zu können.

Doch jeder Anspruch auf das Ganze und Gesamte, er gilt dem Hysteriker als elitär oder, schlimmer noch: totalitär. Ihn erheben, aus Sicht des Hysterikers, nur die Bewohner des Elfenbeinturms, die unverbesserlichen Metaphysiker unserer Tage.

Dabei entgeht ihm, dass seine der Oberfläche zugewandte, dem Schein verpflichtete Haltung bereits eine Reaktion auf eine zutiefst metaphysische Erfahrung ist – nämlich die, dass Menschen von der Wirklichkeit, in der sie leben, durch die Vorstellungen und Bilder, die sie sich von ihr machen, uneinholbar getrennt sind, obwohl diese Vorstellungen und Bilder doch zugleich alles sind, was ihnen von der Wirklichkeit bleibt.

Diese Kluft zwischen Welt und Wahrnehmung, Sein und Denken, die Erfahrung, dass die Beschränkung der Sinne wie des Wissens Menschen in einer Welt leben lässt, die ihnen im Grunde fremd ist, macht die ursprüngliche Weltfremdheit des Menschen aus. Sie gipfelt in den großen metaphysischen Fragen: Warum ist überhaupt etwas und nicht vielmehr nichts? Warum bin ich ich und kein anderer? Was ist der Sinn von Sein?

Um diesen letzten Fragen auszuweichen, hat sich der Geist der Hysterie seit Beginn des neuen Jahrtausends wieder den Religionen zugewandt. Ihre Renaissance hat dabei wesentlich damit zu tun, dass Religionen Antworten auf die großen metaphysischen Fragen und die mit ihnen gegebene Erfahrung der Weltfremdheit immer schon bereithalten und so die grundstürzende Erfahrung der Weltfremdheit gar nicht erst aufkommen lassen.

Dass aber die längst totgeglaubten Religionen überhaupt eine Renaissance erfahren, wie wir sie gerade wieder erleben, nährt den Verdacht, dass die kollektive Abwehr ihre Dienste nicht mehr hinreichend erledigt, dass sie hie und da Risse aufweist, die nun notdürftig durch bewährte Glaubenssysteme wieder geschlossen werden müssen.

Worin aber besteht die gewöhnliche und offenbar nicht mehr hinreichende Angstabwehr des Hysterikers?

In der Hingabe an die Bildlichkeit, in seiner Feier des farbigen Reichtums der Bilder, durch die er versucht, des Lebens und seiner selbst habhaft zu werden.

Doch muss diese dionysische und zugleich narzisstische Strategie der Selbstvergewisserung misslingen. Wer sich dem Bild verschreibt, gar der beständigen Produktion immer wieder neuer Selbstbilder, der kommt sich, das ist eine der großen Erfahrungen der alles und jedes als Bild entlarvenden Moderne, selbst abhanden. Wer sich im Bild seiner selbst vergewissern möchte, verliert sich früher oder später im Bild. Denn Bilder sind per se nicht ein-, sie sind vieldeutig. Was sie zeigen, ist nicht das, was sie sagen, ihr Sinn nicht schon das, was die Sinne wahrnehmen. Auch ändert sich, was sie sagen, zeigen und bedeuten immerzu.

Gesellschaften, die sich dem Bild verschreiben, schaffen daher nicht nur eine Vervielfältigung des Wirklichen und damit einen ungeheuren Reichtum an Wirklichkeiten, sie zahlen dafür auch einen hohen Preis: den des Verlusts ihrer Identität.

XV.

Gelegentlich wird die Hysterie für eine Krankheit gehalten, die einmal so etwas wie eine Mode-, vielleicht auch Epochenkrankheit war, heute aber längst ausgestorben ist. Denn wo begegnen sie uns heute noch, die ekstatischen Jungfrauen des neunzehnten Jahrhunderts, die Anna O.s aus Freuds Wiener Praxis?

Wer heute, wie ehemals Charcot eine bewegungsunfähige Patientin behandelt, die nach einer hypnotischen Behandlung wieder aufstehen, den Rollstuhl verlassen und umhergehen kann, behandelt zwar auch heute noch eine körperliche Symptomatik, die seelische Gründe hat, nur eben deshalb nicht auch schon eine Hysterie.

Denn eine solche sogenannte Konversionsstörung wird in der gegenwärtigen Psychopathologie nicht mehr notwendig als ein bestimmendes Kennzeichen der Hysterie aufgefasst. Sie gilt als ein ganz eigenständiges Krankheitsbild, als dissoziative Störung.

Und das ist sinnvoll. Denn viele Patienten mit einer solchen Dissoziationsstörung haben keine histrionische Persönlichkeit, das heißt, sie sind weder besonders egozentrisch, theatralisch noch gefühlsselig.

Das aber bedeutet, die Hysterie ist nicht verschwunden, das Krankheitsbild hat sich nur emanzipiert von der Notwendigkeit der Konversion. Hysterie gibt es also auch jenseits des Körperlichen, unabhängig vom Mechanismus der Konversion.

Im Laufe ihrer Begriffsgeschichte wird so aus der körperlichen Erkrankung der Hysterie eine reine Geisteskrankheit. Als solche ruft sie zwar mitunter auch körperliche Symptome hervor, aber eben nicht immer, nicht unbedingt.

Möglich war dieser begriffliche Wandel aufgrund der Erkenntnis, dass Dissoziation – zu Deutsch: Abspaltung – der für Hysterien charakteristische Abwehrmechanismus ist.

Dieser Abwehr aber bedienen sich Massen ebenso wie Individuen. Dissoziation ist sogar längst einer der prominentesten, augenfälligsten Abwehrmechanismen moderner Gesellschaften.

Aber was genau ist Dissoziation? Wer ins Kino geht und sich einen Film ansieht, wer sich beim Warten auf den Zug in Gedanken verliert oder beim Musikhören in die Musik versinkt, der dissoziiert – was heißt: er fokussiert seine Aufmerksamkeit und reduziert daher sein volles Wahrnehmen und Erleben des gegenwärtigen Augenblicks. Wer dissoziiert, verändert so nicht nur das Erleben der Wirklichkeit, er schafft durch die Aufmerksamkeitsfokussierung eine neue Wirklichkeit.

So ist Dissoziation häufig das menschliche Mittel der Wahl, eine Art natürliche Selbsthypnose der Wahl, um Unlust und Leid zu vermeiden. Jeder mag dabei an sich selbst prüfen, wie oft er von dieser Selbsthypnose Gebrauch macht, und sich fragen, warum er das tut und für wie unaushaltbar ihm die Wirklichkeit dann wohl erscheinen muss.

Wenn diese gewöhnliche Dissoziation des Tagträumens nicht mehr ausreicht und der Leidensdruck zu groß wird, verfallen Individuen nicht selten auf drastischere Formen dissoziativer Abwehr: Amnesie, Körperstarre, Sinnes- oder Bewegungsstörungen, Vervielfältigung der Persönlichkeit oder auch Trance- und Besessenheitszustände. Jedes dieser Symptome ist ein Ausdruck für die gescheiterte Abwehr durch die tagträumerische Dissoziation. Und fast immer gehen diese drastischeren dissoziativen Zustände mit einem Gefühl der Depersonalisation oder Derealisation, also mit Störungen des Wahrnehmens und Erlebens einher.

Und genau hierin zeigt sich nun, dass Dissoziation nicht nur ein individueller, sondern längst der kollektive Abwehrmechanismus par excellence ist. Denn die Schwächung des Realitätsbewusstseins, die Erfahrung, dass die Wirklichkeit sich vor ihrem Betrachter zurückzieht und darüber unübersichtlich, undurchsichtig, fremd wird – die Erfahrung, dass das Ich, das sich mit dieser Wirklichkeit auseinandersetzt, problembeladen, brüchig wird, gehört ja zu den fundamentalen Erfahrungen der Moderne. Die Moderne reagiert also auf eine bestimmte Form des Erlebens, die sich in der Neuzeit ausbreitete: die Dissoziation. Jedoch so, dass sie die Wirklichkeit nur immer fremder und damit seelisch immer unaushaltbarer werden lässt. Das heißt, die Moderne reagiert auf Dissoziation nicht mit erneuter Konzentration, sondern mit noch mehr Dissoziation und Zerstreuung.

Die Kultur der Gegenwart bildet den vorläufigen Höhepunkt dieser Entwicklung. Wir leben deshalb in einer durch und durch dissoziativen Kultur, in einer Kultur der Ablenkung, der Entfremdung und Sublimierung.

Doch man sollte nicht in billige, vorschnelle Kulturkritik verfallen: Die Moderne entfremdet nicht nur, sie verstärkt und vervollkommnet zugleich unsere zur Dissoziation neigende Natur.

Gewiss, sie schafft dissoziierte Welten und Wirklichkeiten, Orte der Zerstreuung, zu denen jeder fliehen kann, an und in denen niemand länger bei sich und dem Seinen bleiben muss. Doch diese Sucht, sich selbst fremd zu werden, diese Sehnsucht nach Entfremdung, das Bestreben, der Unaushaltbarkeit des Daseins zu entkommen, ist selbst bereits ein Naturprodukt – angelegt in der zur Zerstreuung neigenden Psyche, und nicht lediglich, wie die aufklärerisch-rousseauistische und dann marxistische Kulturkritik annahm, ein Produkt der Verhältnisse. Ja, man mag sich fragen, ob wir überhaupt so etwas wie Kultur hätten, hätten wir nicht eine von Natur aus zur Dissoziation neigende Psyche.

XVI.

Am Anfang der seelischen Entwicklung, der individuellen wie der kollektiven steht nicht Einheit, nicht Individualität oder Identität, sondern Vielheit. *Seit ein Gespräch wir sind und hören voneinander* – dieser Vers aus Hölderlins *Friedensfeier* ist für die Psyche Programm. Von einem Körper, einer Person zu sprechen, mag in juristischen oder statistischen und eben in vielen lebensweltlichen

Kontexten sinnvoll sein. Wenn es aber um das Seelenleben geht, ist der Gedanke der Individualität des Ichs eine unzulässige Verallgemeinerung. Individualität ist dann ein Begriff, der in die Irre führt und also dahin, dass einer denkt, er könne seinem wahren Ich, seiner wahren Identität auf die Spur kommen, wo es doch stets nur viele Identitäten zu entdecken gibt.

Ist das Individuum also ursprünglich Dividuum, erlebt es sich und das Eigene nur in der Auseinandersetzung mit Fremdem – als Gespräch. Ein menschliches, Individualität entwickelndes Seelenleben gibt es, wie der Fall Kaspar Hauser gelehrt hat, nur unter kommunikativen Bedingungen. *Seit ein Gespräch wir sind*, das heißt eben auch: Menschen sind wir, weil wir die Auseinandersetzung mit dem Anderen, mit den anderen in uns selbst vollziehen, weil wir das äußere Gespräch mit anderen in uns hinein genommen und so aus dem äußeren ein inneres Gespräch gemacht haben. Erst diese Hereinnahme des Gesprächs mit dem Anderen, seine Wiederholung und endlose Variation – ein Leben lang – verwandelt unsere tierische Seele, mit der allein wir alle geboren werden, in eine menschliche.

Daraus aber folgt nicht nur der Grundgedanke des Subjektivitätstheoretikers Dieter Henrich, dass Fremdbeziehung immer schon Selbstbeziehung – und umgekehrt, Selbstbeziehung Fremdbeziehung ist, sondern eben auch, dass wir uns selbst nicht nur ursprünglich vertraut, sondern ebenso ursprünglich auch fremd sind.

Das Gespräch mit anderen oder mit uns selbst dient der Überwindung dieser Selbstfremdheit. Zugleich aber erzeugt unser denkendes Selbstgespräch Selbstvergewisserung nur für den Moment. Meist und für gewöhnlich produziert es wechselnde Standpunkte, damit zugleich deren Relativierung, In-Frage-Stellung und hierdurch zuletzt immer auch: Ungewissheit, Unsicherheit, Sorge, bisweilen Angst.

Wie aber sollen unter solchen Bedingungen des Selbstwissens, Subjekte, Menschen ihrer Kommunikation mit sich selbst trauen?

Woher sollen sie wissen, dass das, was sie denkend und fühlend erleben, auch wirklich ihre Gedanken und Gefühle sind?

Da Unmittelbarkeit kein Zustand des Bewusstseins[9] ist, Bewusstsein nur um den Preis der Mittelbarkeit zu haben ist, da wir also fundamental auf Vermittlung angewiesen sind, da diese kommunikative Vermittlung aber Unbestimmtheiten, Ungewissheiten, Gegensätze produziert, bleibt die Selbstvergewisserung für uns Menschen, die von sich selbst nur als von einem Anderen wissen können, eine lebenslange Aufgabe.

Diese Ungewissheit, diese jedem menschlichen Leben mitgegebene Selbstentfremdung, ist der psycho-logische Ursprung der Hysterie. Dem Misstrauen gegenüber dem eigenen Selbst, dem Sich-selbst-fremd-Sein, vor aller Selbstvertrautheit, sucht der Hysteriker zu entkommen.

Dazu stehen ihm grundsätzlich zwei Wege offen: einer, der in die Introversion, ein anderer, der in die Extraversion führt – philosophisch gesprochen, ein idealistischer und ein pragmatistischer Weg.

Der idealistisch-introvertierte Weg führt zu der Überzeugung, es gebe so etwas wie unmittelbare Gewissheit, ein vor-propositionales, also nicht an Sprache gebundenes Wissen um das eigene Selbst. Um zu diesem Selbst vorzudringen, meinen Idealisten, gebe es einen Königsweg: die bedingungslose Abstraktion von allem Außen, die Wendung ins eigene Innere, die größtmögliche Fokussierung auf das eigene Innenleben, mit einem Wort: Introversion. Diesem Inneren gegenüber ist alles Äußere unwesentliches Beiwerk – akzidentiell, zufällig, bedeutungslos. Der introvertierte Mensch wendet sich deshalb von der äußeren Welt ab. Im Grunde verachtet er sie ob ihrer Nutzlosigkeit für sein Projekt der Selbstvergewisserung. Idealisten sehen deshalb von all dem, was am Denken und

9 Im Sinne von Bewuss*theit*, die sprachlich etwa in dem Ausdruck *Ich weiß, dass* ... ihren Ausdruck findet.

Erleben äußerlich oder zufällig ist – und das läuft für sie meist auf dasselbe hinaus – ab.

Die Philosophie nun, die nicht erst seit dem neunzehnten Jahrhundert in Konkurrenz zu empirischen Wissenschaften wie der Psychologie steht, ist ein per se idealistisches Unternehmen, vielleicht sogar eines von Introvertierten für Introvertierte.

Doch gibt es auch unter Philosophen Ausnahmen: die Pragmatisten. Ihnen ist die Unterscheidung zwischen Innen und Außen, Essentiellem und Akzidentiellem zutiefst suspekt. Denn wie jeder Extravertierte wissen sie nicht, was sie denken und erleben, ehe sie es äußern. Sie wissen nicht, was sie tun, ehe sie es tun. Sie lernen sich und ihre Überzeugungen erst kennen, indem sie handeln. Mit der Unterscheidung von Innerlichem und Äußerlichem, Substantiellem und Akzidentiellem wissen sie nichts anzufangen. Denn für sie ist das, was Goethe *farbigen Abglanz* nennt, das ganze Leben. Goethes lyrisches Credo *Nichts ist drinnen, nichts ist draußen;/ Denn was innen, das ist außen* – Extravertierten wie Pragmatisten ist es Programm.

Gesellschaften, die in den Zustand der Hysterie geraten, verschreiben sich nun genau dieser pragmatistisch extravertierten Sicht der Dinge. Sie kennen kein Innen, das nicht außen wäre. Ein allem Denken und Fühlen vorausgehendes Selbstgefühl, gar eines, das ihnen Weg und Richtschnur sein könnte, ist ihnen fremd. Da ihnen aber keine innerliche Instanz, kein Ich, kein Selbstgefühl Halt gibt, suchen sie diesen Halt im entäußerten Gefühl, im Gefühlsausdruck. Doch Halt, Sicherheit, Gewissheit gibt es so nur für den Augenblick. Denn Gefühle wandeln sich. Sie kommen und gehen. An ihnen ist nichts, woran man sich halten kann. Nichts als der flüchtige Augenblick. Das Hysterisch-Sein, das hysterische Sein besteht in dieser Hingabe an den Augenblick. So dulden Hysteriker keinen Aufschub, keine Verzögerung. Sie leben ganz im Hier und Jetzt. Was schert sie, was vor ihnen war, was kümmert sie, was nach ihnen kommt?

Diese radikale Zeitvergessenheit der Hysteriker birgt einen nicht unerheblichen Krankheitsgewinn. Wer nur im Augenblick lebt, der muss sich nicht festlegen, dem bleibt die Zukunft, egal welche, offen. So weichen Hysteriker in ihrem Zeiterleben ihrer Urangst aus: der vor Festlegung und Verpflichtung, der vor jeder Beschränkung des Gefühls, die ihnen immer nur wieder eines wäre: Limitation, Entzug von Freiheitsrechten.

Wie aber soll jemand leben mit solch einer Haltung? Wie, wenn dieser Jemand viele ist, eine Gesellschaft? Ohne jeden Begriff von Entwicklung, geschweige denn dem, was Lessing einmal *Erziehung des Menschengeschlechts* nannte. Ohne Idee von dem, was einmal sein wird. Mit nur einer vagen Vorstellung von Katastrophe und Weltuntergang vor Augen, bei dem Gedanken an die Zukunft. – Die dann nur noch in Gestalt der Dystopie erscheint, auf Kinoleinwänden etwa oder als Ergebnis von Statistiken, die mit dem Abschmelzen der Polkappen die Sintflut prognostizieren.

Wie gut, dass sie so vage bleibt, unsere Vorstellung von der Zukunft. Sonst müssten wir vielleicht schleunigst Reißaus nehmen. Doch wer wüsste schon, wohin?

XVII.

Die Ahnung dessen, was da kommen mag, wie vage auch immer, zeitigt jedoch längst Folgen. Die Augenfälligste: der Kult, die Historisierung der Vergangenheit, ihre Zur-Schau-Stellung und Musealisierung, sei es als touristisches Ziel, als Weltkulturerbe oder schlicht als historisches Wissen. Gerade der immense Zuwachs an historischem Wissen seit der Zeit um 1800 täuscht darüber hinweg, dass mit der Entwicklung des historischen Bewusstseins im neunzehnten und zwanzigsten Jahrhundert sich zugleich eine eigentümliche Geschichtsvergessenheit herausgebildet hat. In dem Maße, in dem es der Kultur des Westens im Prozess der Moderne gelingt, sich Vergangenes (v. a. medial) anzueignen und zu vergegenwärtigen, distanziert sie sich zugleich von dem, was einmal war. Das Erinnern des Vergangenen geht einher mit der Entfremdung von der Vergangenheit. Zwar wächst in einem fort das Wissen von dem, was einmal war, doch erwächst daraus längst keine wie auch immer geartete Verpflichtung. Aus der Vergangenheit erwachsen der Gegenwart keine Ansprüche, geschweige denn Hoffnungen. Der Gedanke Benjamins aus den *Geschichtsphilosophischen Thesen*, dass die Lebenden dafür Sorge zu tragen haben, dass das Leben und Leiden der Verstorbenen nicht vergeblich gewesen sei – wie unzeitgemäß, wie weltfremd mutet er an, heutzutage!

Diese eigentümliche, der allgegenwärtigen Geschichtsversessenheit entgegengesetzte Geschichtsvergessenheit, für die die westliche Verdrängung der Vergänglichkeit nur das deutlichste Zeichen ist, resultiert aus einem Unvermögen, sich an Vergangenheit und Zukunft zu binden. Alles, was der hysterischen Gegenwart deshalb bleibt, ist sie selbst, als reine, als leere Gegenwart. Diese Leere bedroht den Hysteriker mit dem für ihn unaushaltbarsten aller unaushaltbaren Gefühle: der Langeweile. Ihr sucht er zu entfliehen, Augenblick für Augenblick.

Doch so beklagenswert das ist: Der Reichtum an Formen und Darstellungen, den unsere Kultur hervorgebracht hat, wäre er vorstellbar ohne ihre hysterische Flucht vor dem, was ist, ohne den Widerstand gegen die Zeitlichkeit?

XVIII.

Die allgegenwärtige Überflutung mit medial erzeugten Bildern, Informationen, Meinungen kommt bei histrionischen Stimmungslagen einer hypnotischen Dauerbeeinflussung gleich. Sie versetzt in modernen Mediengesellschaften alle und jeden in einen Zustand, den man mit dem amerikanischen Psychologen Charles Tart als

Konsensus-Trance bezeichnen kann.[10] Diese Konsensus-Trance ist vielleicht das folgenreichste Symptom moderner Mediengesellschaften. Als Kompromiss aus Sehnsüchten und Frustrationen über deren Unerfüllbarkeit verbindet sie sich mit einem weiteren typisch hysterischen Symptom, nämlich dem, Festlegungen und Beschränkungen jeder Art zu vermeiden. Nicht von ungefähr gilt daher die Freiheit des Einzelnen als das höchste Gut in solchen Gesellschaften. Freiheit wird absolut gesetzt – in der neoliberalen Ideologie des grenzenlosen Geld-, Waren-, Informationsverkehrs, aber auch im postmodernen Anyting-goes oder in der dekonstruktivistischen Abwehr der bestimmenden, also beschränkenden Kraft des begrifflichen Denkens.

Kennzeichnend für diese Überbeanspruchung des Freiheitsgedankens war nach dem Anschlag auf die französische Satirezeitschrift *Charlie Hebdo* auch das Eintreten für die grenzenlose Freiheit der Satire. Beschränkungen, welcher Art auch immer, der Hysteriker erkennt sie nicht an. Denn er vermag den Begriff der Freiheit nur immer wieder als unbegrenzte, jedweder Begrenzung entgegengesetzte Freiheit zu denken. Dass bisweilen auch die Vernunft, auch das bessere Argument, die überlegene Überzeugung eine Grenze anerkennen muss, nämlich die der Verletzung des anderen, erkennt der Hysteriker nicht an. Was kümmern ihn, der ganz im eigenen Gefühl lebt, die Gefühle der anderen?

XIX.

Nicht hoch im Kurs steht in hysterischen Gesellschaften deshalb auch der Begriff der Wahrheit. Denn auch Wahrheit hat ja einen

10 Vgl. Charles T. Tart: Waking up: Overcoming the obstacles to human potential, Boston 1986

Überzeugungen festlegenden, beschränkenden und also den Raum des Vorstellbaren limitierenden Charakter.

So wird im Zeitalter der Hysterie Wahrheit zur Chiffre all dessen, was der Hysteriker nicht aushält. Geduldet ist sie gerade noch als Mittel zur Kontrolle und Beherrschung des Wirklichen, als ein Werkzeug der Angstreduktion. Wahrheit um der Wahrheit willen, Aufklärung indes ist kein Projekt des Hysterikers, kann es nicht sein.

An die Stelle des durch beständige Relativierungen längst stark beschädigten Wahrheitsbegriffs setzt er auf die Absolutheit des Glücksgefühls. Auf dessen Intensität und also auf den unbedingten Willen zum Glück kann er sich verpflichten. Hysterisch – was hier nur heißen soll: Oberflächlich, augenfällig, demonstrativ – kommt dieser unbedingte Wille als die champagnerfröhliche Verschwendungssucht der Spaßgesellschaft daher, und damit als Verleugnung dessen, was ist. Nur in Abkehr und Übertreibung glaubt der Hysteriker die Herausforderungen des Daseins aushalten zu können.

Dabei manifestiert sich in seinem unbedingten Willen zum Glück die Tyrannei seines Wunsches nach unbegrenzter Freiheit.

Doch was der Hysteriker für Freiheit hält, ist zuletzt nur die Tyrannei seiner Wünsche. Nicht eines Wunsches, sondern zahlloser Wünsche. Wäre es ein Wunsch, wären es einige Wünsche, es bliebe ihm die Aussicht auf Erfolg. So aber ist sein Scheitern gewiss.

Die zwanghafte Gesellschaft

I.

Ein 45-jähriger Mann kommt in eine psychotherapeutische Praxis. Er ist Lehrer, arbeitet vierzehn Stunden täglich und hat deshalb, wie er sagt, keine Zeit, Freunde zu finden, eine Frau kennenzulernen, etwas zu unternehmen. Es geht schon am Morgen los. Wenn er mit dem Auto zur Schule fährt. Jedesmal, wenn er über eine Bodenwelle fährt, denkt er, er habe jemanden überfahren. Er weiß im Grunde jedesmal, dass das nicht der Fall ist. Trotzdem hält er an, immer wieder, verlässt seinen Wagen und überprüft, ob er wirklich niemanden überfahren, verletzt oder getötet hat. Dabei kommt es vor, gar nicht selten, dass er einen Teil des Weges zurückfährt, um noch einmal nachzuschauen, ob auch wirklich alles in Ordnung ist.
In der Schule, berichtet er, sitze er stundenlang über Notenlisten, Stundenprotokollen, Korrekturen. Um nur ja keinen Fehler zu machen.

Am Abend ruft er seine Eltern an, um sich nach deren Wohlergehen zu erkundigen. Kommt er einmal nicht dazu, ergreift ihn eine namenlose Angst, ihnen könne etwas zustoßen oder zugestoßen sein. Er weiß, sagt er, dass das alles sinnlos ist, könne aber nichts dagegen tun.[11]

Dieses Gefühl der Hilflosigkeit ist typisch. Nicht nur, aber ganz besonders im Falle von Zwangserkrankungen. Denn Zwangskranke

11 Nach Rudolf Schneider: *Heilpraktiker für Psychotherapie*, 350 Fallgeschichten, 2. Aufl., München 2015, S. 33.

leben in einem gespaltenen Bewusstseinszustand. Sie denken Dinge und führen Handlungen aus, von denen sie wissen, dass sie unsinnig sind, die sie aber dennoch nicht lassen können. Anders als die meisten sogenannten gesunden Menschen, die das Unsinnige, das sie denken und tun, nicht für das halten, was es ist, haben Zwangskranke ein untrügliches Gespür für das Unsinnige ihres Tuns. Dass sie es dennoch nicht lassen können und deshalb beständig in einem gespaltenen Bewusstseinszustand, in einem Zustand der Dissonanz leben, verstärkt in ihnen jenes Gefühl des Ausgeliefertseins und der Hilflosigkeit.

Dieses Gefühl ist dabei im klinischen Kontext nicht nur der Grund dafür, dass jemand Hilfe sucht, sondern auch eine Form der Abwehr: Wer hilflos ist, erzeugt Helfer und damit eine soziale Umwelt, die an seiner Stelle Angst abwehrt oder reduziert.

Charakteristisch für Zwangskranke ist dabei, dass sie sich zwar immer der Zwänge – zum Beispiel die Eltern anrufen oder sich Sorgen machen zu müssen – bewusst sind, aber kaum je der darunter liegenden Angst. Und das hat gute Gründe.

Denn würde die Angst in vollem, nicht mehr durch Denk- und Handlungszwänge reduziertem Umfang erlebt, würde sie übergroß werden. Zwänge behalten ihre angstreduzierende Wirkung deshalb nur so lange, wie der volle Umfang der Angst zwar geahnt, aber nicht bewusst erlebt wird. So wehren Zwangshandlungen oder -gedanken Angst ab. Aber die abgewehrte Angst ist selbst eine Abwehr gegen etwas anderes. Dieses Andere zum Vorschein zu bringen, das Gefühl hinter der Angst erlebbar werden zu lassen, und sei es wiederum Angst, heißt, den Weg der Heilung zu beschreiten. Der Weg der Neurose ist der entgegengesetzte: Er verdeckt das zugrunde liegende Gefühl mit einem anderen Gefühl. Und dieses darüber liegende Gefühl ist beim Zwangskranken die Angst, immer wieder die Angst.

II.

Erkranken Gesellschaften an einem Zwang, werden auch sie von einer unheimlichen, ihnen insgeheim vertrauten und doch zugleich fremden Angst heimgesucht. In den hoch- oder spätkapitalistischen Gesellschaften der Gegenwart sind es Produktion und Konsum von Gütern, die der Kontrolle dieser unheimlichen Angst dienen. Wie sehr Produktion und Konsum zwanghafte Züge haben, zeigt sich schon daran, dass in westlichen Gesellschaften längst mehr produziert wird als überhaupt konsumiert werden kann. Die Produktion von Gütern dient längst schon nicht mehr der Befriedigung von Bedürfnissen, vielmehr werden umgekehrt Bedürfnisse kreiert, um Produktion und Konsum zu rechtfertigen. Die fortdauernde Überproduktionskrise – es gibt zu viele Autos, zu viele Informationen, zu viele Gesetze, zu viele Hochqualifizierte, zu viel Müll – ist dabei die direkte Folge einer zwanghaften, von namenloser Angst getriebenen Güterproduktion.

Und wer verstehen möchte, wie sehr Angst hier die treibende Kraft ist, muss sich nur vor Augen führen, was wäre, wenn nur so viel produziert würde, wie auch wirklich nötig ist, wie es also wäre, wenn der Bedarf das Maß von Produktion und Konsum wäre.

Dass der dadurch erzielte Gewinn an Zeit nicht als Muße verbucht, sondern eine der Langeweile vergleichbare Leere hervorbringen würde, verbunden mit dem unheimlichen Drang, sie auszufüllen, und der Verzweiflung darüber, sie nicht ausfüllen zu können, zeigt den Zwangscharakter, den im Hochkapitalismus die Waren- und Güterproduktion angenommen hat. – Frei davon sind unter den derzeitigen Überproduktionsbedingungen nur die, die vom Produktionsprozess ausgeschlossen sind, die Arbeits- oder Obdachlosen, die Flüchtlinge oder diejenigen, die in den Favelas dieser Welt jenseits kollektiver Wert- und Sinnschöpfung nicht mehr leben, sondern nur noch überleben.

Es sind diese von der Weltgesellschaft Ausgeschlossenen, die zugleich die Utopie einer vom Produktionszwang befreiten Weltgesellschaft verkörpern.

III.

Gesellschaften kennen den Zwang als das Unvermeidliche, als die Suprematie des anderen Willens über den eigenen. Da die *volonté de tous* niemals in der *volonté générale* aufgeht, gibt es den Gegensatz der *volonté particulière*, des privaten, bloß auf den eigenen Vorteil bedachten Willens des Einzelnen gegen das Ganze. Diesem Gegensatz verdankt sich der Zwang. Und er ist, was er ist, durch den Versuch, ihn durch das Mittel der Unterwerfung zu überwinden.

IV.

Die USA, das Vorbild für Demokratie, Freiheit und Bürgerrechte, werden seit Jahren schon von Massenverhaftungen heimgesucht; daran hat auch die Obama-Administration nichts geändert: »*Aus einem kürzlich veröffentlichen Bericht des ›Congressional Research Service‹ (CRS) geht hervor, dass die Zahl der Insassen in Bundesgefängnissen in den vergangenen 30 Jahren von 25.000 auf 219.000 gestiegen ist. Das bedeutet einen Zuwachs von fast 790 Prozent. In den USA werden mehr Menschen inhaftiert als in irgendeinem anderen Land. Auf jeweils 100.000 Einwohner des Landes kommen 716 Häftlinge.*[12] Jeder dritte männliche Schwarze wird einmal im Leben inhaftiert. 2,2 Millionen Menschen sind derzeit in den USA einfach weggesperrt, unter nicht selten menschenunwürdigen Haftbedin-

12 Zit. nach: *http://www.neopresse.com/gesellschaft/usa-weltweit-hochster-anteil-von-gefangenen-haftanstalten-chronisch-uberfullt/*

gungen; im um einiges bevölkerungsreicheren China sind es 1,6 Millionen.

Da von diesem Krieg gegen die eigene Bevölkerung vor allem Minderheiten, soziale Randgruppen, Mittellose oder Schwarze betroffen sind, führt hier der Staat im Namen von Recht und Gerechtigkeit einen unheiligen Krieg gegen die eigene Bevölkerung. *Orange*, die Farbe der Häftlingskutten, *is the new black* – so lautet nicht zufällig der Titel einer der bekanntesten amerikanischen Netflix-Serien.

Das Schicksal schwarzer, von Polizisten erschossener Jugendlicher gelangt dabei immer wieder in den Fokus der öffentlichen Aufmerksamkeit. Es führt am einzelnen Fall das Schicksal einer Gesellschaft vor Augen, die den mit der Sklaverei einhergehenden Rassismus niemals überwunden hat, sondern ihn nach einer Phase des alltäglichen Terrors und der Lynchmorde in der Mitte des vergangenen Jahrhunderts nun mit den Mitteln des Polizeistaates fortführt. Und Opfer dieses Krieges sind eben die, deren Eltern und mittlerweile Großeltern einst vor diesen Lynchmorden in die großen Städte, Chicago, New York, Washington DC geflohen sind: männliche, in der Mehrheit schwarze, von echter Gleichheit der Lebenschancen schon bei Geburt ausgeschlossene Jugendliche. Sie werden zwar nicht gelyncht, doch mitunter erschossen, von friedliebenden bewaffneten Bürgern oder der Polizei. In der Regel jedoch werden sie Opfer von Massenverhaftungen, die eine drakonische Drogengesetzgebung nach sich zieht. Der Kampf gegen den Drogenkonsum hat dabei längst monströse Ausmaße angenommen: Mehr als ein Viertel der in den USA Inhaftierten sitzt wegen Drogendelikten ein. Das sind zwölfmal mehr als vor dreißig Jahren. Ein Krieg gegen die eigene Bevölkerung im Namen der Drogengesetzgebung ist dabei ein besonders probates Mittel der Täuschung. Er täuscht darüber hinweg, dass es hier weniger um den Schutz der Bevölkerung, als vielmehr um Machtpolitik geht, die Ausübung von Herrschaft, psychodynamisch gesprochen, um das Ausagieren von Aggression. Machtpolitik, derart entpolitisiert, verfolgt das immens politische Ziel, Opposition, Widerstand gar nicht erst aufkommen zu lassen, ihn im Keim zu ersticken.

Wie kann das sein, wie ist so etwas möglich? Wie kann es sein, dass der Anspruch einer freiheitlichen Vorzeigedemokratie in einen solchen Widerspruch zur Wirklichkeit eines Polizeistaates gelangt? Und wie, dass Barack Obama, der Hoffnungsträger eines anderen Amerika, sich in seiner Amtszeit als Hüter des Überwachungsstaates geriert hat und in den acht Jahren seiner Regentschaft ein Bespitzelungssystem hat errichten lassen, dass so gar nicht zu der Vorstellung einer offenen Gesellschaft, dafür aber umso mehr zu dem Bild eines Steinzeitkommunismus aus Breschnews Tagen passt?

Das kann dann sein, wenn sich eine offene Gesellschaft zwar ihrer Feinde sowie ihrer Angst vor diesen Feinden bewusst ist, aber nicht der verborgenen Motive ihrer Angst. Nur deshalb auch bleiben die Mittel, derer sie sich zur Bewältigung der Angst bedient, so eigentümlich inadäquat. Ein Mehr an Überwachung schafft eben gerade kein erhöhtes Sicherheitsgefühl. Die Erfahrung des Zwangsneurotikers, dass mehr Kontrolle zu mehr Verunsicherung führt, sie gilt auch hier. Die Angst der offenen Gesellschaft vor ihren Feinden ist gerade keine Realangst; auch wenn es reale Vorkommnisse sind, die sie in ihrer Angst bestärken. Denn was die offene Gesellschaft bedroht, sind gar nicht die, die sie zu Feinden erklärt, es sind mitnichten ihre äußeren Feinde. Sie selbst ist sich längst der eigentliche Feind.

Unter der Oberflächliche zunehmender Zwangs- und Kontrollmechanismen übernehmen autoaggressive, selbstzerstörerische Kräfte die Macht. Wahrnehmbar werden diese Kräfte zum Beispiel an dem Umstand, dass nicht nur in Nordafrika nach dem arabischen Frühling, sondern auch in Europa und jetzt womöglich sogar in den USA liberale Führungseliten durch autoritäre ersetzt werden. – Und dabei werden sie nicht einfach nur ersetzt, sondern demokratisch gewählt und legitimiert. Ja, es sind freie Wahlen mittels derer freiheitliche Gesellschaften an der Abschaffung ihrer Freiheit arbeiten und Mehrheiten in diesen Gesellschaften gegen ihre eigenen Interessen handeln.

Das erinnert an den Zwang der Anorektiker, Bedürfniskontrolle so sehr auf die Spitze zu treiben, dass sie sich gegen jedes Bedürfnis richtet und das letzte Ziel dieses Zwangs: sich selbst zum Verschwinden zu bringen, sich auszulöschen. Es ist Selbsthass, der unter der Angst der offenen Gesellschaft vor ihren (vermeintlichen) Feinden liegt. Und natürlich, da machen wir uns nichts vor, ist dieser Selbsthass selbst ein Symptom. Nämlich für die vielen Bedürfnisse, die die so bedürfnisorientierten Gesellschaften des Westens verleugnen und eben deshalb unbefriedigt lassen.

V.

Bereits bei der Herausbildung des Seelenlebens, bei der Entstehung der Psyche ist die Erfahrung des Zwangs eine unvermeidliche. Die Suprematie des anderen Willens, des Willens der Mutter, des Vaters über den eigenen ist die elementare Erfahrung bereits des Kleinkindes.

Zwang, heißt das, setzt Widerstand voraus und produziert Widerstand. In ihm richtet sich Begehren gegen Begehren, das besiegt, unterworfen, entmächtigt werden soll. Wem Zwang widerfährt, der erfährt Ohnmacht. Dass sie der Säugling bereits an der Mutterbrust erfährt, lässt weder für sein Leben noch das der Gesellschaft, der er einmal angehört, Gutes erwarten. Denn Unterwerfung, in welcher Form auch immer, erzeugt Frustration, Aggression, zuletzt: Zerstörung – und sei es die des eigenen Selbst.

Den eigenen Willen dennoch zu unterwerfen, indem man ihm keine Alternative lässt, ist jedoch genau das, was zwanghafte, sogenannte anankastische Persönlichkeiten auszeichnet. Auch der Wille zur Macht, der Wunsch, andere zu unterwerfen, wird noch einmal unterworfen – er ist so groß, dass er sich noch gegen sich selbst richtet. Weshalb er sich nicht ungebändigt äußert, als freie oder reine Gewalt, sondern domestiziert, unterdrückt, verkrüppelt, eben als Zwang.

Die dem Zwang gemäße, die ihm angemessene Form ist die Ordnung. Wo Zwang ist, soll Ordnung sein. Sie ist die Perpetuierung des Zwangs, Herrschaft ohne Herrscher. Ist aus dem Chaos Ordnung geworden, sind fortgesetzte Interventionen des Herrschers überflüssig geworden. Sie mögen nötig sein, um den Erhalt der Ordnung zu sichern. Wo sie aber besteht, ist der Herrscher verzichtbar. Das macht die entlastende Funktion der Ordnung aus. Und zeigt zugleich, worauf der Zwang zielt: nicht lediglich auf die Durchsetzung oder Unterwerfung eines anderen Willens, sondern vor allem auf die Gewährleistung der eigenen Sicherheit. Deshalb ist, wo Zwang herrscht, immer auch Angst im Spiel. Zuletzt davor, dass auch der Zwang nicht genügen könnte, dass sich das Verhängnis auch mit seiner Hilfe nicht abwenden lässt.

VI.

Als Symptom, als von Menschen gemachter Zwang, verleugnet der Zwang wie jedes Symptom seinen Ursprung. Da, wo diese Verleugnung gelingt, wo der Zwang nur Zwang kennt, kommt er als Verhängnis, als Schicksal daher, wie eine zweite Natur, die in ihrer Unausweichlichkeit der ersten in nichts nachsteht. Der Zwangskranke weiß deshalb nicht, wie ihm geschieht. Die Gründe, warum mit ihm geschieht, was geschieht, entziehen sich seiner Einsicht.

Das verleiht dem Zwang einen dämonischen Charakter. Dieser Dämonie begegnet der Kranke mit Ritualen, Opfergaben und animistischem Denken: *Wenn ich das und das tue, dann wird mir das Schicksal schon gewogen bleiben.* Mit der Zeit entwickelt er so ein enges Korsett aus Geboten, Verboten und kultischen Handlungen, seine eigene private Religion. Doch ist es kein Gott, den er verehrt, eher schon eine Art Teufel, in Gestalt einer Angst, die so groß ist, dass sie alles überschattet, auch das Verhängnis, das der Zwang für den Zwangskranken bedeutet.

Diese namenlose Angst fürchtet der Zwangskranke mehr als alles andere. Dieser Angst gilt seine eigentliche Angst.

Alle Regeln, Rituale, Rationalisierungen des Zwangskranken, kurz, alle seine Abwehrmechanismen gelten dem Ziel, jene namenlose Angst und mit ihr die Angst vor ihr zu regulieren, zu kontrollieren, irgendwie im Zaum zu halten.

Im Bereich des Politischen entspricht der anankastischen Persönlichkeit die Diktatur. Auch Diktaturen gebrauchen Perfektionismus, Halsstarrigkeit sowie eine notorische Vorsicht, um eine namenlose Angst im Zaume zu halten.

Und auch sie bedienen sich dazu des Mittels der Gewalt. Damit tritt an ihnen zutage, was Zwangsneurotiker meist nicht wahrhaben wollen: die ihnen eigene Gewalttätigkeit als Reaktion auf ein Übermaß der Angst. Denn ihnen ist notfalls jedes Mittel recht, um die Kontrolle zu behalten, auch das der Gewalt. Das gilt für Zwangskranke und Diktatoren gleichermaßen. Beide haben eine Tendenz zu eskalierender Rücksichtslosigkeit. Und weil beide, Zwangskranke wie Diktatoren das Unwägbare, den Kontrollverlust fürchten, schätzen sie nichts so sehr wie die Arbeit. Denn Arbeit ist nicht nur eine kontrollierte Veränderung der Wirklichkeit, sondern bindet auch Gefühle, vor allem das der Angst.

Die Gründung einer Gesellschaft auf Idee und Praxis der Erwerbsarbeit dient daher aus Sicht der Psychopathologie zur Regulierung und Bindung sonst frei flottierender Emotionen. Arbeit ist ein Mittel der Sozial- und eben auch Emotionskontrolle. Daher fürchtet die Leistungsgesellschaft kaum jemanden so sehr, wie den, der keine Arbeit hat oder mehr hat, den Müßiggänger oder Arbeitslosen.

Beide duldet sie folgerichtig nur an ihren Rändern, straft sie mit Miss- oder Verachtung. Unter der liegt freilich etwas anderes, eben die Angst davor, was wäre, wenn Leben auch anders möglich wäre als unter dem Joch der Erwerbsarbeit.

Es ist diese Angst vor dem, was sein kann, aber nicht sein darf, die mit Macht verdrängt wird. Nun steigert aber die Wiederholung einer Verdrängung die Angst vor dem Verdrängten. So ist es die Verdrängung selbst, die mit der Zeit mehr und mehr Kraft erfordert, um die Flut, die alles überfluten und mit sich reißen würde, zuletzt auch das verdrängende Ich, einzudämmen. Das kostet Kraft, Energie, nicht weniger, wie sonst, wenn etwas zur Routine wird, sondern mit der Zeit mehr und mehr. Der Burnout des Zwangskranken, irgendwann ist er unvermeidlich. Ob es Jahre, Jahrzehnte oder manchmal, wie im Falle historischer Entwicklungen von Gesellschaften, Generationen dauert, bis die Erschöpfung eintritt, das macht keinen Unterschied. Die durch fortdauernde Verdrängung der Angst nötige Steigerung des Energieaufwandes fordert ihren Preis.

VII.

Die großen Errungenschaften moderner Gesellschaften dienen der Regulation der Angst. Allem voran die technischen Errungenschaften, bei denen die Menschheit Schutz sucht vor der Willkür der Naturgewalten. Der Kult, den Technik weltweit erfährt, sei es als Medizin-, sei es als Luft- und Raumfahrt-, Kommunikations- oder Datentechnologie hat viel gemein mit dem Kult, der einst um Götter getrieben wurde, in der Absicht, sich ihrer gewaltigen Kräfte und, mit ihnen, der Beherrschung der Naturgewalten zu versichern. Doch auch die Verrechtlichung der sozialen Sphäre in unseren Tagen, die Normierung noch banalster Bereiche des Zusammenlebens dient (neben dem handfesten ökonomischen Gewinn, den das Versicherungs-, Rückversicherungs- und Lebensversicherungswesen daraus zieht) der Regulierung und schließlich Beherrschung einer namenlosen Angst.

Es ist diese hinter allen Ängsten liegende letzte Angst, jene vor dem Tod, die der Zwangskranke verdrängt. Und es ist keine geringere als diese Todesangst, die dazu angetan ist, auch Gesellschaften vor Probleme zu stellen, die sie kaum je lösen, sondern meist nur ausagieren, sublimieren können, im Symptom.

Ist aber die letzte Angst des Zwangskranken die Todesangst, so bleibt die Frage, wovor sich eigentlich derjenige fürchtet, der den Tod fürchtet. Denn was so selbstverständlich zu sein scheint, nämlich dass man den Tod fürchten muss, ist so selbstverständlich nicht. Und jeder kennt denn auch Fälle, in denen der Tod nicht gefürchtet, sondern gesucht oder gar ersehnt wird. Weshalb also die Angst vor dem Tod? Was eigentlich fürchtet der, den die Angst vor ihm gefangen hält, zu verlieren? Was anderes als das eigene Ich?

Eine Aussicht darauf, mit der Angst vor dem Tod zugleich jegliche Art von Zwang zu überwinden, hat deshalb zuletzt nur, wem es gelingt, sich von seinem Ich zu befreien.

Die Überwindung des Ichs, Ich-Ferne ist aber gerade kein Ziel der auf Bestätigung, Vergewisserung und Optimierung des Ichs ausgerichteten westlichen Kultur. Im Gegenteil, eine egomanische Kultur hat immer schon mit Zwang zu rechnen, mit dem Zwang, den sie ausübt, wie demjenigen, der auf sie ausgeübt wird. Dass sich westliche Gesellschaften trotz der Unvermeidlichkeit des in und von ihnen ausgeübten Zwangs für freiheitliche Gesellschaften halten, widerspricht dem nicht. Gegenüber früheren Zeiten, gegenüber Gesellschaften in anderen Teilen der Welt behaupten sich die westlichen Demokratien immer noch als die freiheitlicheren. Aber gerade das macht sie blind gegenüber ihrem eigenen Zwangscharakter.

VIII.

Dabei zeigt schon eine Minimaldefinition der Demokratie als freiheitliche Selbstbestimmung der Vielen: Im Zustand der Krise ist gegenwärtig die Idee der Demokratie, erst recht ihre historische Realität, mehr als sie es je war. So spricht vieles dafür, dass wir nach dem Fall der Mauer, der zunächst zu einer Stärkung der Idee der Demokratie und insbesondere derjenigen des demokratischen Kapitalismus geführt hat, derzeit an einer Epochenschwelle stehen. Denn Selbstbestimmung der Vielen setzt Selbstbestimmung des Einzelnen, Wahrung seiner Freiheitsrechte voraus. Die aber vermögen Demokratien immer weniger zu garantieren, ja, sie gefährden sie massiv und entfalten so ihr lange Zeit verdrängtes zwanghaftes oder eben diktatorisches Potential.

Das Ausspionieren der eigenen Bevölkerung unter der Schutzbehauptung, es diene der Sicherheit oder sei eine unvermeidliche Folge der Technik wie im Falle der legalen Internetspionage von Unternehmen an möglichen Kunden, aber auch die Abschaffung des Privaten im öffentlichen Raum oder die in Deutschland spätestens mit der Agenda 2010 politisch hoffähig gemachte Unterordnung von Freiheitsrechten unter scheinbar unabänderliche Gesetzmäßigkeiten von Kapital und Weltmarkt – all das sind Beispiele für die immer deutlichere Ausprägung eines Zwangscharakters, der das Selbstverständnis westlicher, auf der Idee der Freiheit gegründeter Demokratien unterminiert.

Und es bleibt abzuwarten, ob, und wenn, wann sich gegen Einschränkungen von Freiheitsrechten, die Arbeiter und Angestellte von ihren Vorgesetzen derzeit noch so fraglos hinnehmen, Widerstand regt – als wären sie nie vergangen, die miefig-zwanghaften fünfziger Jahre.

IX.

Das besondere Kennzeichen des Zwangsneurotikers: dass er Aneignung nur als Unterordnung kennt, als Herrschaft über Dinge. Die der Zwangsneurose entsprechende soziale Ordnung ist schon deshalb die Eigentumsordnung. Sie verwandelt Seiendes, also etwas, das ist, in Besitz; und macht so aus Besitzenden Herrschende. Nirgendwo wird das Vergebliche, das in diesem Anspruch liegt, deutlicher als an der Form der Zeit. Denn sie begegnet jenem Anspruch stets nur mit Unbekümmertheit und Ignoranz. So nimmt sie, was heute diesem gehört, und gibt es morgen jenem. Gerechtigkeit, Verdienst ist nichts, was sie bekümmerte. Am wenigsten wohl der Begriff des Zeitmanagements.

Dieser Gleichgültigkeit der Zeit gegenüber dem, was sich in ihr ereignet, widersetzt sich die Eigentumsordnung, in dem sie alles und jedes zum Besitz erklärt; sogar, im Tatbestand des Plagiats, die Inhalte von Gedanken.

So wird alles, was der Fall ist und wovon man erzählen kann, das eigene Leben, das Leben der anderen, alles, was mitgeteilt werden kann, zu meiner oder deiner Information. Tertium non datur.

Nicht erst die Ungleichheiten in der Besitzverteilung, bereits die Universalität der Eigentumsordnung als solcher, ihr quasi kategorialer Charakter stellt alles Wirkliche unter den Zwang *zu gehören* – wem auch immer.

Der Begriff der Zeit selbst ist dabei Ausdruck des zwangsneurotischen Paradoxons schlechthin: desjenigen der Verfügbarkeit des Unverfügbaren. Er versucht auf den Begriff zu bringen, was nicht auf den Begriff zu bringen ist, zu beherrschen, was nicht zu beherrschen ist. Nirgendwo wird das deutlicher als am Begriff des Zeitmanagements. Der mit ihm gegebene Anspruch, Zeit dem eigenen Willen verfügbar zu machen, ist schlechterdings nicht zu erfüllen. Die Geschichte des Begriffs Zeitmanagements ist schon deshalb eine Geschichte des Scheiterns an der Zeit. Wenn der Wille hier eine Wahl hat, dann nur bezüglich der Art seines Scheiterns – und natürlich der Art, in der er sich über dieses Scheitern hinwegtäuscht.

Dass wir in einer Zeit leben, die Zeit mehr denn je zu *managen* sucht, dass wir in Zeiten leben, in denen andere und nicht mehr wir selbst von unserer Zeit Besitz ergreifen, wäre nicht vorstellbar ohne die fraglose Selbstverständlichkeit, mit der wir es der Eigentumsordnung erlauben, Besitz zu ergreifen von unserem Leben.

X.

An amerikanischen Universitäten ist es seit einiger Zeit möglich, sich in Philosophie examinieren zu lassen, ohne je etwas von Platon, Descartes, Kant, Hegel oder Heidegger gehört, geschweige denn gelesen zu haben. So vollkommen ist der Sieg, den die sogenannte sprachanalytische Philosophie davongetragen hat.

Ein Pyrrhussieg, natürlich. Denn woran sollte das langsame Ab- und Sich-Überleben der Philosophie deutlicher werden, als eben an der Verabsolutierung eines einzigen Denkstils, an der Alternativlosigkeit des sprachlogischen Zwangs?

Das sich von Einfalls- und Erfahrungsreichtum verabschiedende, nur noch um ein paar ausgewählte Fragen kreisende Denken entspricht der Problemtrance des Neurotikers.

Derart gefangen sind aber nicht allein die Nachfahren Wittgensteins. Wer heute die *Minima Moralia* liest – besserwisserisch, ressentimentbeladen, verkrampft und nicht selten verbiestert –, der kann bemerken, wie auch dialektisch und kritisch geschult das Rechthaben zum Zwang werden kann.

Vielleicht aber ist ja keine Disziplin so sehr wie die Philosophie in Gefahr, der Neurose zu verfallen.

Denn wer die Welt im Denken und durch das Denken erschließen möchte, läuft eben immer schon Gefahr, sich Dinge nur auszudenken und sich, wie der Neurotiker, im Denken zu verlieren. – Und dabei nicht zu bemerken, dass es Angst ist, die ihn antreibt.

Die Flucht vor dieser Angst, die verzweifelte Suche nach einer Gewissheit, die sich doch mehr und mehr verflüchtigt, hat die Philosophie die typische Erfahrung des Zwangsneurotikers wiederholen lassen: Jeder Versuch, sich einer Sache zu vergewissern, führt nur tiefer in die Ungewissheit hinein.

In ihrer Verzweiflung darüber ist die Philosophie unserer Tage entweder, wie in ihrer sprachanalytischen Gestalt, zwanghaft und grüblerisch geworden oder sie hat sich dem Positivismus der Lebensberatung verschrieben, zumeist aber dem der historisierenden Nacherzählung von Philosophiegeschichte. Und ist sich so, da ein eigener philosophischer Denkstil, eine spezifisch philosophische Methode nirgendwo mehr auszumachen ist, selbst abhandengekommen.

XI.

Die Hereinnahme des Zwangs ins Individuum ist, wie schon Sigmund Freud und Norbert Elias bemerkt haben, Produkt des Zivilisationsprozesses. Wo der Staat das Gewaltmonopol an sich reißt, bleibt äußere, brutale Gewalt im Innern des Staates auf den Geltungsbereich des Rechts beschränkt. An die Stelle der äußeren, tritt die innere Gewalt, die innere Gewaltandrohung, die Gewissensangst. In dem Maße, in dem sie sich kollektiv ausbildet, verfeinert auch der Staat seine Methoden der Disziplinierung. *Nicht Marter und Verstümmelung, sondern Gefängnis und Disziplinierung waren das Signum des modernen Staates*, schreibt der Historiker Jörg Baberowski. *Die Vergeltung zeigt sich in der modernen Rechtsprechung allenfalls noch darin, dass die Höhe der Strafen, die das Gericht verhängt, der Bedeutung des Verbrechens entspricht. So ist es bis heute geblieben. Gerichtsprozesse haben Duelle und Fehden, Diskussionen Faustschläge ersetzt.*[13]

Diese Entkörperlichung der Gewalt, Kennzeichnen des Zivilisationsprozesses, hat Folgen für das Seelenleben. Denn Bedingung des Zivilisationsprozesses ist ja die Ersetzung von Fremd- durch Selbstkontrolle. Erst wenn Menschen in der Lage sind, sich mit Gewissensangst oder Schuldgefühlen selbst zu strafen, kann der Staat auf Strafe verzichten und sie nur noch dort zur Anwendung bringen, wo die individuelle Selbstkontrolle versagt.[14] Die gesellschaftlichen Ansprüche an die Psyche, Zwang auf sich auszuüben, wachsen unter den Bedingungen des modernen Staatswesens gewaltig. Nur so kann die Ausübung physischer Gewalt vom Regel- zum Ausnahmefall werden.

Gut möglich, dass, wie Norbert Elias vermutet, die inneren Zwänge in dem Maße zugenommen haben, wie die äußeren zurückgegangen sind. Gut möglich auch, dass durch die damit verbundene Beanspruchung der Selbstkontrolle der Ausbreitung zwanghafter Symptomatiken der Boden bereitet wurde. Wo früher Gewalt ausagiert werden konnte, in der äußeren Welt, finden sich nun Wasch-, Kontroll-, Konsumzwänge, anankastische Denk- oder Persönlichkeitsstrukturen.

13 Jörg Baberowski: *Räume der Gewalt,* Frankfurt a. M., S. 50.

14 Staaten, die noch die Todesstrafe kennen, demonstrieren im Narrativ des Zivilisationsprozesses nicht nur ihre Rückständigkeit dadurch, dass sie sich der letzten Konsequenz dieses Narrativs, der Entkörperlichung von Gewalt, versagen. Sie zeigen auch, dass bei dem Versuch, Gewalt zu kontrollieren, ein Impuls zutage tritt, der selbst für Staaten kaum kontrollierbar ist, die Rache. Sie hat ihr Ziel nicht in einer Verhaltensänderung oder der Wiederherstellung von Sicherheit; sie zielt auf Vernichtung, Genugtuung, die Lust am Untergang des Feindes. Die Todesstrafe ist ihr adäquater Ausdruck.

Die Ausbreitung von Zwangssymptomatiken – unter den Bedingungen der Moderne könnte sie der psychische Preis der politischen Freiheit sein.

XII.

Zwang war zu früheren Zeiten, niemand hat das so deutlich herausgearbeitet wie Foucault, die normale, geläufige Reaktion auf psychische Krankheit. Wer psychisch erkrankt war, wessen psychische Erkrankung so deutlich war, dass sie nach heutigen Maßstäben psychotisch war, der wurde weggesperrt. Und wird es noch heute, zum Beispiel in Westafrika. In Liberia gibt es gerade mal einen, in Niger drei, in Togo vier, in Sierra Leone gar keinen Psychiater.[15] Es gibt in diesen Ländern keine Psychiatrie, nicht einmal eine rudimentäre. Gut so, könnte man zynisch denken, wer weiß, wie sie aussähe. So wie die im Europa am Ausgang des neunzehnten und in der ersten Hälfte des zwanzigsten Jahrhunderts? Wer weiß, was sich afrikanische Länder da ersparen?

Doch die Wirklichkeit sieht anders aus: Zwischen einem und zwei Prozent einer Bevölkerung erkranken einmal im Leben an einer Psychose. Gleich wo auf der Welt. Für sie gibt es in weiten Teilen Afrikas schlicht keine Hilfe. In sogenannten *Prayer Camps* mit klingenden Namen wie *Jesus is the Solution* werden die Erkrankten im Freien an Bäume gekettet. Und es obliegt dann ihren Familien, für diese Art der Hilfe auch finanziell aufzukommen, die Ketten selbstverständlich eingeschlossen. Und sie tun in ihrer Hilflosigkeit noch etwas anderes für ihre erkrankten Angehörigen, sie beten für sie! Wenn das nicht hilft, versuchen sich traditionelle Heiler an den Kranken, mit Kräutern und Zauberkraft. Denn wer schizophren ist, muss verhext worden sein. Zweihundert Personen leben

15 Vgl. *New York-Times* vom 16.10.2015, S. 1.

durchschnittlich in so einem Camp. Eine Million Psychotiker leben allein in Westafrika. Viele von ihnen in solchen Camps.

Krankheitseinsicht, wo sie versagt wird, wo ganze Gesellschaften sie sich versagen, hat verheerende Konsequenzen. Und immer ist die hervorstechendste, die augenscheinlichste dieser Konsequenzen die Ausübung von Zwang. Er wird gerade denen angetan, die am meisten der Hilfe bedürfen und ist doch selbst so häufig nur Ausdruck äußerster Hilflosigkeit.

XIII.

Es ist Ronald Reagan, dem die Ehre gebührt, am 8. März 1983 vor einer Versammlung der radikal gläubigen Evangelikalen in den USA Urheber einer Wortneuschöpfung gewesen zu sein, die auch heute, mehr als drei Jahrzehnte später, nichts von ihrer epistemischen Kraft eingebüßt hat: Nur ist das alttestamentarisch klingende *Reich des Bösen, The evil Empire*, das Reagan noch in der fernen Sowjetunion verorten konnte, längst ein Teil von God's own Country geworden, wo ein entfesseltes Rechtssystem Ängste nicht mehr bändigt, sondern schürt, vor allem bei jungen Farbigen, aber auch zunehmend bei älteren Menschen[16], die es gnadenlos verfolgt.

So trägt das Rechtssystem in den USA, aber eben nicht nur in den USA, dazu bei, die paranoide Abwehr der Spaltung aufrechtzuhalten, indem es die Welt in Gut und Böse unterteilt. Das Rechtssystem erhält dabei nicht nur in nicht-säkularisierten islamistischen, sondern auch in den demokratischen Gesellschaften des Westens eine eschathologische Funktion. Es wird zum heilsversprechenden Unterstützer, zur Waffe des Herrn in den neuen Kriegen gegen die Achse des Bösen. Diese Instrumentalisierung des Rechtssystems in

16 Zwischen 2007 und 2011 stieg der Anteil der Gefangenen über 64 Jahren 94 Mal so stark an wie der der übrigen Häftlinge. Vgl. a. a. O., *neopresse.com*.

einer Zeit, da in den neuen asymmetrischen Kriegen den offenen Gesellschaften allerorts und immerzu neue Feinde erwachsen, dient freilich selbst einem höheren, psychohygienischen Ziel: den Feind da zu bekämpfen, wo man seiner auch habhaft werden kann, nicht im Außen also, sondern im Innern, in der Mitte der Gesellschaft.

Im Vollzug, in der Vollstreckung und Durchsetzung des durch den Gesetzesverstoß in Frage gestellten Rechts wird so aus Vergeltung Rache. Rache aber zielt zuletzt auf die Auslöschung desjenigen, dem sie gilt. Die Verbindung von staatlich sanktionierter Gewalt und Rache im Recht ruft deshalb eine der Maßlosigkeit der Rache entsprechende, übermäßige Angst hervor – aber nicht mehr vor der Übertretung des Rechts, sondern vor einem im Züchtigungswahn versunkenen Rechtssystem, vor der Willkür der Rache. Die Vereinigten Staaten sind unter den westlichen Demokratien dafür gewiss das erschreckendste Beispiel, aber eben auch nur ein Beispiel.

XIV.

Flüchtlinge heißen dem kompensatorischen Zwang zur politischen Korrektheit folgend neuerdings: Geflüchtete. Was sie in die Flucht schlägt, ist Gewalt. Diese Gewalt, sie heiße Krieg, Vertreibung oder einfach nur Grausamkeit, ist nicht mehr die des Gesetzes. Sie kennt kein Gesetz mehr, diese Gewalt, nur noch Gesetzmäßigkeit. Menschen, die auf der Flucht sind, erfahren die Gesetzmäßigkeit dieser Gewalt als Zwang. Was sie, die Flüchtenden vom Hypochonder, der ja ebenfalls ein Fliehender ist, unterscheidet, sind die guten Gründe, mit denen sie, an Leib und Leben bedroht, die Flucht ergreifen. Da, wo ihnen diese Gründe abgesprochen werden – in der Bezeichnung Wirtschaftsflüchtling etwa –, wird auch der Zwang, dem die Flüchtenden ausgesetzt sind, in Abrede gestellt. Und das tun ausgerechnet Gesellschaften, denen nichts vertrauter ist als der Zwang des Marktes. Wer nicht aus Todes-, also Überlebensangst, sondern aus Armuts- oder Lebensangst flieht, dessen Panik wird unter der Hand zur Hypochondrie. Der Aberkennung zureichender Gründe entspricht die Pathologisierung derer, die fliehen oder geflohen sind. Der Willkommenskultur – Angela Merkels *Wir schaffen das!* – steht eine Kultur der Entwertung mit PEGIDA- und *Das Boot ist voll*-Parolen gegenüber.

Die Geister, die die westlichen Gesellschaften riefen, mit der Schaffung des unteilbaren, unbeschränkbaren Rechts auf politisches Asyl, sie werden sie nicht mehr los. Und siehe da, es zeigt sich, dass man genau das fürchtet, was man den sogenannten Wirtschaftsflüchtlingen als Grund nicht zubilligt: den Verlust von Hab, Gut und Lebenschancen.

XV.

Wir bleiben derzeit aber noch in einer anderen Hinsicht weit hinter unseren Möglichkeiten des Menschseins zurück: Denn Flüchtlinge konfrontieren uns noch in einer anderen Hinsicht mit einem in der abendländischen Moderne virulenten und gleichwohl notorisch unterschätzten Problem: dem, dass wir selbst alle immerzu Flüchtlinge sind, dass es also nicht nur eine buchstäbliche, sondern, lange schon, eine metaphysische Obdachlosigkeit gibt. So dass wir schon lange nicht mehr mit Heinrich von Ofterdingen auf die Frage nach dem Ziel unseres Weges antworten: *Immer nach Hause!*, sondern, ganz gegen ihn: *Immer in die Fremde!*, was heißt, weg vom Eigentlichen, Authentischen, in die Entfremdung, Selbstentfremdung, Ungewissheit, Seinsvergessenheit.

Während daher die Flüchtlinge, die zu uns kommen, vor fremden Mächten, die sie an Leib und Leben bedrohen, fliehen und ihnen dabei doch noch die Hoffnung auf Asyl bleibt, rächen sich die westlichen Gesellschaften an ihnen, indem sie ihnen buchstäblich versagen, was ihnen selbst metaphysisch lange schon versagt bleibt: Obdach, Asyl.[17]

Wer vor dem Zusammenhang des Politischen und Metaphysischen notorisch die Augen verschließt, verkennt, dass er die *conditio humana*, die Bedingungen menschlichen Lebens bis in kleinste Detail bestimmt. Diesen Zusammenhang zu verdrängen oder zu ignorieren befreit gerade nicht von dem Zwang, ihm gegenüber eine Position oder Haltung finden zu müssen. Auch der, der weder weiß noch wissen will, warum er existiert und wozu er lebt, muss in seinem Handeln so tun, als wüsste er es. Er muss so tun, als ob er eine Antwort auf jene letzten Fragen hätte, auch wenn er sie nicht hat, haben will und vielleicht auch gar nicht haben kann.

Dieser metaphysische Zwang, den letzte Fragen auf das Menschsein ausüben, ist kein Zeichen einer neurotischen Erkrankung und sich ihm auszusetzen, ist keine Abwehrleistung. Den ökonomischen an die Stelle des metaphysischen Zwangs gesetzt zu haben, hingegen sehr wohl!

Und es scheint sogar, als verstärke die Beharrlichkeit der Abwehr und Ignoranz gegenüber jenen letzten Fragen die Wirkung ihres Zwangs um ein vielfaches.

Die Moderne versucht seit jeher, sich diesem metaphysischen Zwang zu entziehen. Auf die Erfahrung der Unbeantwortbarkeit letzter Fragen nach dem Sinn von Sein reagiert sie mit deren Vermeidung. Vermeidung aber schürt Angst. Diese Angst wiederum bringt Symptome hervor, vor allem eines, den pathologischen

17 Unter den sozialdarwinistischen Bedingungen nicht des Sozialstaates, wohl aber des Wirtschaftslebens kann jeder und jede jederzeit zum Flüchtling werden. Ein plötzlicher Schicksalsschlag, der Verlust des Arbeitsplatzes, der Tod eines Angehörigen, eine psychische Erkrankung, all das kann auch unter sozialstaatlichen Bedingungen jeden und jede jederzeit aus dem System der Erwerbsarbeit vertreiben.

Zwang. Der Zwangscharakter, der den Verhältnissen anhaftet, der Eindruck ihrer Unabänderlichkeit, der Notwendigkeit, sich ihnen zu unterwerfen, koste es, was es wolle, der sogenannte Sachzwang also resultiert häufig genug gar nicht aus irgendwelchen Sachverhalten, sondern aus Abwehr und Vermeidung.

XVI.

Die geläufigste Form des metaphysischen Zwangs, auch desjenigen, der dem modernen Menschen durch die Vermeidung metaphysischer Fragen aufgebürdet wird, ist die Zeit. Der Abstand zur Antike lässt das typisch Moderne ihres Zwangscharakters hervortreten.

So gibt der erste überlieferte philosophische Satz überhaupt, der Satz des Anaximander auf die Frage: *Was aber ist die Zeit?* die berühmte, auf den Zusammenhang von Zeit und Schuld verweisende Antwort:

Und was den seienden Dingen die Quelle des Entstehens ist, dahin erfolgt auch ihr Vergehen gemäß der Notwendigkeit; denn sie strafen und vergelten sich gegenseitig ihr Unrecht nach der Ordnung der Zeit.[18]

Alles, was entstanden ist, jedes Seiende, sagt Anaximander, muss vergehen. Die Einheit von Entstehen und Vergehen ist die Ordnung der Zeit. Jedes Sein aber, das entstanden ist, macht seinen Anspruch auf Dauer, auf Fortbestand geltend. Damit aber stemmt es sich der Ordnung der Zeit entgegen, die ja von ihm fordert, wieder zu vergehen (denn es steht ja als Gewordenes in ihrer Schuld).

18 Zit. nach G. S. Kirk u. a..: *Die vorsokratischen Philosophen, Einführung, Texte, Kommentare*, Stuttgart 2001, S. 128.

Die Zeit setzt daher ihre Ordnung – die Gleichheit von Entstehen und Vergehen – wieder ein, indem sie aus dem Vergangenen etwas Neues entstehen und Entstandenes wieder vergehen lässt – das ist die Weise, in der Entstehen und Vergehen Buße tun für ihren jeweiligen Anspruch, sich über ihr Gegenteil hinwegzusetzen.

Die Moderne hat nun dieses antike Verständnis der Zeit dahingehend verändert, dass sie einseitig auf das Recht des Werdens gesetzt hat und das Vergehen als notwendiges Übel, als Gewalt, die dem Gewordenen widerfährt, betrachtet. Dieser Gewalt, die die Zeit ausübt, entspricht als ästhetische Anschauungsform die Melancholie. Sie erfährt Zeit und Vergänglichkeit nicht mehr als Bedingung neuer Möglichkeiten, letztlich der Freiheit, sondern als Restriktion und Zwang, eben als Verlust, der beklagt und betrauert wird. Der moderne Mensch lebt deshalb nicht mehr mit der Zeit, er lebt gegen die Zeit.

Dadurch aber wird die Zeit zu etwas, das dem Menschen von außen widerfährt. Und als Gegenstand des Nachdenkens wird die Zeit zu etwas, worüber man nachdenken und das man gleichsam von außen betrachten kann. Mit der Objektivierung der Zeit im philosophischen Denken fängt auch die Geschichte der Distanzierung von der Zeit an.

Die Erfahrung der Zeit als ein vom Menschen unabhängiger, ihn unterwerfender Zwang macht dann in Neuzeit und Moderne aus dem Menschen einen Knecht, ein Opfer der Zeit. Denn wer der Zeit gegen seinen Willen unterworfen ist, erfährt sie als strafende, richtende Gewalt, der gegenüber er schuldig geworden ist.

Wer hingegen nicht in der Zeit lebt, sondern sich selbst als Zeit erfährt, dem ist die Negation des eigenen Erlebens durch jeden neuen Augenblick gegenwärtig, für den ist die Negation des eigenen Lebens durch den Tod eine seiner Möglichkeiten.

Einem solchen Erleben ist der Übergang ins Nichts dann nicht nur das Vergehen dessen, was eben noch war, sondern zugleich eine Befreiung davon, Freiheit also, Möglichkeit des Daseins. Die von der Moderne als Zwang beargwöhnte Zeit erscheint dem, der in der Lage ist, sie so, als Möglichkeit des Daseins zu erleben, zugleich als Bedingung der Möglichkeit von Freiheit. Denn er weiß: Gäbe es keine Vernichtung, bliebe also alles immerzu, wie es ist, wäre das Dasein im Stillstand und die Welt in Stein gemeißelt.

Dass Zeit nur als etwas vorkommt, das Dingen, Menschen, Abläufen eigen ist, heißt aber gerade nicht, dass es möglich ist, über sie zu verfügen. Uns bleibt zuletzt nichts anderes übrig, als sie geschehen zu lassen.

Zwangskranke Individuen wie auch Gesellschaften wehren sich da, wo ihr Erleben zwanghaft wird, gegen diese Erkenntnis. Sie setzen der Ordnung der Zeit ihre eigene Ordnung entgegen – in der verzweifelten Hoffnung, dass diese sich durchsetzen möge, aber auch in dem Wissen darum, dass das nicht möglich ist. Eben das macht sie noch verzweifelter und mobilisiert auch noch ihre letzten Energien, im Kampf gegen die Einrichtung der Welt.

XVII.

Der Kapitalismus, der die Aneignungssucht zum Prinzip erhebt, ist nicht nur einem nimmersatten Ich geschuldet, sondern auch einer nicht nachlassenden Angst vor der Zeit. Je größer die aus ihr resultierende Bedrohung wird, desto mehr klammern sich die Bedrohten an das, was sie besitzen oder zu besitzen glauben. Zuletzt an eine Gegenwart, die vermeintlich der eigenen Verfügungsgewalt unterliegt und als Besitz verstanden wird.

Dass die Gegenwart dem Menschen jedoch auch im Strom der Zeit kein Asyl gewährt, hat in der Spätmoderne die Verbitterung darüber wachsen lassen, dass sich alles wandelt und nichts bleibt, wie es war, dass es ein letztes Asyl nicht gibt, nicht einmal in den westlichen Wohlstandsgesellschaften, ja, nicht einmal in der Selbstvergewisserung eines autonomen Subjekts.

So trifft jeder, der es geschafft hat, aus welchen Teilen der Welt auch immer in diese westliche Welt zu flüchten, selbst auf Menschen, die sich auf der Flucht befinden. Er trifft auf Flüchtlinge, die der Zeit zu entkommen suchen. Ein Teil dieser Flüchtenden lässt ihn das auch spüren. Aber auch die Übrigen spüren kaum noch, wie sehr und wovor sie selbst auf der Flucht sind.

Was stattdessen gespürt wird, in diesen Gesellschaften, ist der Zwang, den sie sich selbst auferlegen!

Die narzisstische Gesellschaft

I.

Es ist gesund, narzisstisch zu sein, sich um das eigene Ich zu kümmern, sich selbst etwas wert und sich dabei des eigenen Werts ebenso bewusst zu sein wie der Wertschätzung anderer. Narzissmus, mit einem gerüttelt Maß an Selbstwertgefühl gehört zu jeder autonomen Persönlichkeit; er ist Ursprung und Ziel der Selbstfürsorge. Das eigene Licht nicht unter den Scheffel zu stellen, sich nicht bescheiden zu geben, wo es keinen Grund dazu gibt, weil Bescheidenheit einer Selbstverleugnung gleichkäme, ist denn auch nichts, wessen man sich schämen müsste. Narzissmus ist nicht per se eine Form der seelischen Erkrankung, er ist, schon beim Kleinkind, eine *conditio sine qua non* der seelischen Gesundheit. Denn ohne an elterlicher Liebe geschulter bedingungsloser Selbstliebe ist es schwer und oft nur auf Kosten seelischer Erkrankung möglich, den Unwegsamkeiten und Fährnissen des Daseins zu begegnen.

Für Gruppen, gar Großgruppen gehört deshalb eine gewisse, ausschließlich dem eigenen Selbst vorbehaltene Anerkennung zu den Bedingungen ihres Zusammenhalts. Nationalstolz, historisch gesehen ein Produkt des neunzehnten Jahrhunderts, ist daher per se nicht verwerflich. Auch eine Fahne, unter der sich eine Gemeinschaft versammelt, ist als Zeichen ihres Zusammenhalts kein Grund zur Sorge – eine Einsicht, die sich mit der Fußballweltmeisterschaft 2006 auch in Deutschland durchgesetzt hat. Einen solchen Grund zur Sorge hingegen hat, wer nicht in der Lage ist, dem eigenen Ich, der eigene Familie, den eigenen Freunden und allen, mit denen er durch Wahl oder Schicksal verbunden ist, ein gewisses Vorrecht vor anderen einzuräumen. Vornehmlich deshalb, weil er durch Wahl oder Schicksal dazu bestimmt ist, für die anderen, die ihm verbundenen sind, zu sorgen.

Narzissmus, solch ein gesunder Narzissmus ist also ein direktes emotionales Korrelat der Verantwortung. Er erwächst aus Verantwortung, ist aber als Emotion mehr als nur Ausdruck bloßer Verantwortung. Denn in jedem gesunden Narzissmus liegt zugleich Selbstfürsorge, also sowohl Sorge als auch Liebe. Die daraus resultierende besondere Anerkennung des eigenen Selbst muss sich auf keine externe Anerkennung mehr berufen.

Erst da, wo eine Gemeinschaft in der Lage ist, sich unabhängig vom Urteil Außenstehender diese Anerkennung selbst zuteilwerden zu lassen, kann Narzissmus als autonome Selbstliebe und Selbstfürsorge gelingen.

Doch genau an dieser Stelle kann er auch misslingen. Denn unabhängig vom Maß und Urteil anderer allein an sich selbst Maß zu nehmen kann eben auch bedeuten: maßlos, vermessen zu werden. In der im Begriff des Narzissmus liegenden Verpflichtung zur Autonomie liegt mithin eine Chance – eine Möglichkeit des Daseins und zugleich eine Gefahr. Der wohlverstandenen voraussetzungslosen Selbstliebe stehen Verachtung und Herabsetzung des Anderen gegenüber, von dessen Wert-, ja Hochschätzung der Narzisst sich abhängig fühlt. So dass die notorische Entwertung des Anderen der Aufwertung des eigenen Ichs, zuletzt der Befreiung aus der selbstverschuldeten Abhängigkeit dient.

Die daraus resultierende Paradoxie ist das Erkennungszeichen des malignen Narzissten: Abhängigkeit von der Wertschätzung bei gleichzeitiger Entwertung des Anderen, das Gefühl äußerster Knechtschaft und zugleich der unverbrüchliche Glaube, selbst das Maß aller Dinge zu sein.

II.

Pathologischer Narzissmus ist wie jede Persönlichkeitsstörung eine Beziehungsstörung, eine Störung im Kontakterleben. Für diese Störung typisch ist die Überwertigkeit, mit der die eigene Person, vor allem ihre Ansprüche erlebt werden, aber auch die Fragmentierung und Äußerlichkeit sogenannter Objektbeziehungen. Narzissten erleben den Anderen als schattenhaftes Wesen, sie erleben den Anderen zwar und nehmen ihn wahr, aber von außen; noch das Innere des Anderen ist für den Narzissten etwas Äußerliches. Und damit es das sein kann, ersetzt er am Anderen die Perspektive der Ersten Person durch die der Dritten Person. Das erleichtert die mit der Fragilität des eigenen narzisstischen Selbst einhergehende Entwertung des Anderen.

Über ein intaktes Selbstwertgefühl also verfügen maligne Narzissten, anders als gesunde, nicht. Weshalb sie glauben, es sich erkämpfen müssen, Tag für Tag, Stunde um Stunde. Und es ist dieser Überlebenskampf, zu dem sie andere missbrauchen, bei ihrer ständigen Jagd nach Anerkennung. Ausgestattet mit einem rigiden, im Übermaße strengen Über-Ich verfolgen sie jeden, der sich ihren Ansprüchen widersetzt, mit einem unerbittlichen Hass und einer mörderischen Wut.

III.

Die Sozialpsychologie kennt das Konzept des kollektiven Narzissmus. Sie versteht darunter den kompensatorischen, einem Mangel geschuldeten Komplex aus aggressiven, ab- oder entwertenden Einstellungen, Gefühlen und Handlungen, in denen die Überheblichkeit und Arroganz einer Großgruppe gegenüber einer anderen

Gruppe zum Ausdruck kommt.[19] Die Ergebnisse zahlreicher Studien weisen darauf hin, dass sich aus kollektivem – nicht individuellem – Narzissmus auf das aggressive Verhalten von Großgruppen schließen lässt. Kollektiver Narzissmus ist eben nicht zu verwechseln mit individuellem Narzissmus. Eine narzisstische Gesellschaft setzt sich nicht notwendig aus Narzissten zusammen, ebenso wenig wie die Angehörigen einer depressiven Gesellschaft depressiv, einer anankastischen zwanghaft oder einer histrionischen Gesellschaft hysterisch sein müssen. Kollektivneurosen beeinflussen zwar das Auftreten individueller neurotischer Störungen, sind aber nicht mit diesen identisch.

So geht kollektiver Narzissmus anders als individueller Narzissmus mit einem hohen individuellen Selbstwertgefühl der Gruppenmitglieder einher, aber mit einem geringen Gruppenselbstwertgefühl. Und nur der kollektive, nicht aber der individuelle Narzissmus ist in der Lage, individuelle Selbstwertschätzung und kollektive Selbstentwertung zu vereinen. Gegenüber einem realen oder imaginierten Beobachter kann deshalb kollektiv zum Beispiel Scham empfunden werden, ohne dass deshalb auch individuell Scham empfunden werden müsste.

Doch sind es sowohl beim kollektiven als auch beim individuellen Narzissmus die empfundene Ab- und Entwertung sowie die Unerträglichkeit des damit einhergehenden Schamgefühls, die eine mörderische Wut und den Wunsch nach Rache und Vergeltung auf den Plan rufen. Da es nicht der Verstand, sondern das Unbewusste ist, das diese Wünsche hervorbringt, erscheint die daraus resultierende Objektwahl häufig zufällig, plan- und sinnlos. Denn der tiefere Sinn ist eben einzig die Befriedigung eines emotionalen Bedürfnisses – nämlich Rache oder Vergeltung zu üben.

19 Vgl. Agnieszka Golec de Zavala u. a.: *Collective Narcissism and Its Social Consequences*, in: *Journal of Personality and Social Psychology 2009*, Vol. 97, No. 6, S. 1074-1096.

Zum Opfer – darin gleichen sich narzisstische Individuen und narzisstische Gesellschaften – werden dann vornehmlich die, die selbst nicht leicht zum Täter werden können, also die Wehrlosen und Schwachen. Narzissten ›profitieren‹ dabei nicht nur von dem Umstand ihrer Empathie- und Mitleidslosigkeit, sondern gerade davon, dass das Leid und die Schwäche der anderen ihre eigene Aggressivität nicht mindern, sondern erhöhen. Menschliches Leid, menschliche Schwäche – Narzissten macht sie nicht milde, sondern wütend. Denn es erinnert sie an das unerträgliche, verdrängte eigene Leid, das eben, weil es unerträglich ist, abgewehrt wird – in der Identifikation mit dem Aggressor.

Da so aber die erfahrene Kränkung nicht geheilt, sondern immer nur wiederholt wird (und der tiefe Sinn der Pathologie ja nicht in der Heilung, sondern nur in der Wiederholung besteht), nehmen narzisstische Gesellschaften die Angehörigen anderer Gesellschaften nicht allein als kränkend, sondern darüber hinaus auch als anhaltende Bedrohung war. Dies wiederum legitimiert dann die Aufrechterhaltung der eigenen Aggressivität bis hin zu präventiver militärischer Aggression und Autoritarismus. Meist aber – eigentlich fast immer – schlägt sich die Wahrnehmung der anderen als entwertend und bedrohlich in der für Narzissten typischen Haltung der Unversöhnlichkeit und moralischen Überlegenheit nieder.

Will man diese Haltung kurieren, so muss man berücksichtigen, dass sie die Bastion ist, hinter der sich ein zutiefst gekränktes Ego verschanzt. Wer diese Bastion erobern möchte, muss selbstverständlich mit erbittertem Widerstand rechnen. An ihm wiederum offenbart sich das tiefste, hinter der feindschaftlichen Oberfläche seines Verhaltens verbogene Motiv des Narzissten: der Selbsthass.

IV.

Der Selbsthass des kollektiven Narzissmus ist heutzutage aber eben nicht nur da zu finden, wo man ihn vielleicht am ehesten vermuten würde, im Chauvinismus derer, die die aufgeklärt-liberalen Demokratien an die Ränder gedrängt haben, bei Ungebildeten, Hoffnungslosen, vom kulturellen Fortschritt Verschmähten. Narzisstischer Selbsthass hat längst auch die intellektuelle Mitte der Gesellschaft erreicht – den renommierten Politologen Herfried Münkler etwa, wenn er (im Deutschlandradio) feststellt: *Große Teile des Volkes sind dumm.* Dann nämlich ist er klug genug, damit auch sich selbst zu meinen. Denn dumm, das weiß auch Münkler, sind nicht nur die anderen, die uninformiert Meinungsfreudigen etwa. Kein Zeichen höherer Weisheit ist eben auch die mit einem solchen Urteil einhergehende Herablassung gegenüber ihnen.

Wenn aber einer, der unverdächtig ist, selbst zu den Dummen zu gehören, sich, indem er sich so äußert, selbst zum Dummen macht, so zeugt das weder von Klugheit noch von Dummheit, sondern zuletzt nur von einem Narzissmus, der eben beides, Herablassung gegenüber anderen und Selbsthass in sich vereint.

V.

Die narzisstische Abwehr ist paranoid. Während der Depressive das Gleichzeitige der Gegensätze liebt und daher meist abwägend, zögernd, entscheidungsschwach ist, kennt der Narzisst nur das Entweder-oder. Das verleiht seiner Haltung eine existenzialistische, das Sein und das Nichtsein stets herausfordernde Note. Doch folgt aus der typisch narzisstisch-paranoiden Abwehr – wer nicht für mich ist, ist gegen mich – fast notwendig das Gefühl tiefer Feindseligkeit, gerade gegenüber dem Nächsten. *Homo homini lupus*, der

Mensch ist des Menschen Wolf – für Narzissten ist dies ein vor aller Erfahrung wahrer Satz, ein Vorurteil.

Und er ist für narzisstische Gesellschaften deshalb ein so wertvoller und unverzichtbarer Satz, weil er in einer aus den Fugen geratenen Welt Ordnung schafft, sie aufteilt in eine Welt der Guten und der Bösen. Der Narzisst weiß deshalb stets, wer gut und wer böse ist. Und natürlich, dass er selbst zu den Guten gehört. – Die narzisstische Abwehr ist also projektiver Natur: Die eigenen, abgelehnten, verhassten Anteile werden auf andere – auf die Bösen, besser noch auf das Böse – projiziert. Und wenn dieses schlechthin Böse dann noch einen Namen trägt: Saddam Hussein, Assad, Kim Jong-un, so ist das nur umso besser – denn dann kann man es verfolgen und bekämpfen. Die Personifikation des schlechthin Bösen, die im welthistorischen Maßstab vielleicht zum ersten Mal mit Hitler erreicht wurde – dessen zeitgenössische Wiedergänger die Genannten sind – täuscht dabei über den Umstand hinweg, dass es sich dabei immer auch um eine Projektion eigener destruktiver Anteile handelt. Vor dem übermenschlich Bösen tritt das eigene Böse in den Schatten. Und genau das ist der tiefe Sinn dieser projektiven Abwehr. Die Grausamkeit eines Kim Jong-un, eines Assad oder des Islamischen Staates macht die eigene Grausamkeit vergessen. Sie überschattet sie, entzieht sie der Wahrnehmung.

Imperiale Machtpolitik kann nun im Namen des Guten erfolgen. Im Namen des Humanen können nun, frei von Schuldgefühlen und Gewissensängsten, Regime gestürzt, Interessen der Rüstungs- oder Erdölindustrie verfolgt und zu Tausenden, wer weiß ob Hunderttausenden Menschen getötet werden. Dabei ist es nicht so, dass das im Westen niemand wüsste. Es fühlt nur keiner. Und es ist diese Fühllosigkeit, der die Instrumentalisierung der Humanität dient! Wer im Recht ist, braucht schließlich nicht zu fühlen. Sagt der Narzisst. Und er tut es auch nicht! Stattdessen tut er etwas anderes: Er verteufelt die anderen. Zum Beispiel, indem er sie Terroristen nennt. Denn wenn Terroristen etwas nicht verdienen, dann ist es Mitgefühl. Terroristen kann man bekämpfen, wenn es sein muss, wie im Drohnenkrieg, ohne Recht und Gesetz, ganz bestimmt aber ohne Mitgefühl.

Dies aber versagt der Westen auch denen, die, würde das Humanitätsideal ernstgenommen, sonst mit Gewissheit auf Mitgefühl zählen dürften: Am 12. Mai 1996 fragt man die ehemalige Außenministerin der USA, Madeleine Albright, in der Sendung *60 Minutes*: *Eine halbe Million Kinder sollen im Irak (als Folge des weltweiten jahrelangen Embargos) mittlerweile gestorben sein. Das sind mehr Kinder als in Hiroshima gestorben sind. Ist das den Preis wert?* Und Albright antwortet: *Ich denke, das ist eine sehr harte Wahl, aber der Preis – wir glauben, dass es den Preis wert ist.* Und später, auf einer Veranstaltung in Cleveland erläutert sie: *Ich wette, dass wir uns mehr Gedanken machen über das irakische Volk als Saddam Hussein. ... Wenn wir Gewalt anwenden, dann deswegen, weil wir Amerika sind! Wir sind die unverzichtbare Nation. Wir haben Größe, und wir blicken weiter in die Zukunft.*[20]

Narzissmus kann zu wahnhaften Zuständen führen. Dass dieser Wahn nicht verfolgt wird, Madeleine Albright zu keinem Zeitpunkt fürchten musste, psychiatrisiert zu werden, ändert daran nichts. Der Humanitätswahn, der Wahn, auch die grausamsten Taten stünden, solange man sie nur selbst begehe, immer schon im Dienste der Humanität, bleibt auch dann ein Wahn, wenn er von zahllosen Menschen geteilt wird. Wer Grausamkeit als Humanität ausgibt, Humanität instrumentalisiert, ist ihm verfallen!

Wie jeder Wahn kennt auch der Humanitätswahn weder Maß noch Grenze, schon gar nicht die der Wirklichkeit. Und wie jeder Wahn stellt er ein Überzeugungssystem dar, dass sich empirisch – also durch Wahrnehmung und Erfahrung – nicht korrigieren lässt.

20 Zit. nach Michael Lüders: *Wer den Wind sät. Was westliche Politik im Orient anrichtet*, München 2015, S. 46.

Und genau so ist es: Die sich seit der Mitte des zwanzigsten Jahrhunderts fortsetzenden Fehlschläge amerikanischer Interventionspolitik im Iran, in Vietnam, in Afghanistan, Libyen, Irak, Somalia, Syrien und die Tatsache, dass keiner dieser Kriege je gewonnen werden konnte, hat die militärische Interventionsdoktrin keines Besseren belehrt. Im Gegenteil, *es ist*, mit den Worten des Journalisten Glenn Greenwald gesagt, *mittlerweile nicht mehr vorstellbar, dass sich die USA nicht im Krieg befinden.*[21]

Das Ende der Geschichte, es kommt als endloser Krieg daher, als Apokalypse. Die unmittelbar von diesen Kriegen Betroffenen erleben diese Apokalypse im alltäglichen Grauen, in der Gefahr für Leib und Leben, als Hölle auf Erden. Die anderen jedoch als Entzug von Freiheitsrechten und schließlich als schleichende Verwandlung demokratisch-liberaler in totalitäre Gesellschaften.

Denn ein endloser Krieg rechtfertigt eine sich demokratischer Kontrolle entziehende Geheimpolitik, daraus resultierend Freiheits- und Machtgewinne für eine kleine Zahl von Mächtigen, und natürlich bringt er die Bereicherung all derer mit sich, die bei der Homeland Security oder im Waffengeschäft tätig sind. Denn Bereicherung, das ist im Zusammenhang imperialer Kriegsführung die älteste aller alten Erkenntnisse, ist stets eines der obersten Kriegsziele. Die Interventionskriege der jüngeren Geschichte sind deshalb keine reinen Raub- und Beutezüge, sie sind Raub- und Beutezüge im Dienste der Humanität. Und genau dies verschleiert, dass sie immer noch Raub- und Beutezüge sind.

Und, wir erinnern uns: Zur Legitimierung des Irakkriegs wurde Saddam Hussein der Besitz von Massenvernichtungswaffen unterstellt. Als klar wurde, dass es sich um eine Unterstellung handelte, legte Colin Powell dem Sicherheitsrat der Vereinten Nationen am 5. Februar 2003 angebliche Beweise vor, die tatsächlich Fälschun-

21 Zit. nach Lüders a. a. O., S. 84.

gen seiner Geheimdienste waren. Auch Colin Powell wurde dafür nie zur Rechenschaft gezogen! Denn das hätte ja bedeutet, das offenbar werden zu lassen, was sich unter dem Schleier der Humanität verbirgt.

VI.

Die meisten Narzissten sind intelligente ZeitgenossInnen. Denn sie suchen ihre Not, ihre Ängste durch die Schärfung ihres Verstandes zu bekämpfen. So zeigen sie sich und anderen, dass sie doch etwas wert sind, dass sie, wenn auch vielleicht keine Liebe, so doch Respekt verdienen. Und sie verschaffen ihn sich, diesen Respekt, durch den schonungslosen Gebrauch ihrer Intelligenz als Waffe, die jeden, wirklich jeden Fehler am Anderen entdeckt.

Und es ist gerade die kleine Unzulänglichkeit, es ist der menschliche Makel am Anderen, dem ihre größte Aufmerksamkeit gilt.

Da der größte Feind des Narzissten jedoch das eigene Selbst ist, macht seine Unerbittlichkeit gerade davor keinen Halt. So geht die vernichtende Kritik am Anderen stets mit Selbstzweifel und Selbstkritik einher. Die narzisstische Aggression zielt nur vordergründig auf die Vernichtung des Anderen, ihr letztes Ziel ist die Selbstvernichtung.

Wer daher, wie manch Wohlmeinende im therapeutischen Kontext, den Mangel an Liebe, vor allem Selbstliebe des Narzissten durch Liebe Anerkennung, Zuwendung, die er ihm zuteilwerden lässt, auszugleichen sucht, dem legt der Narzisst diese ihm verdächtige Strategie als Schwäche aus. So vermag er sein eigenes, beschädigtes Ich zu retten – davor, dass es errettet wird. Die Zurückweisung des Anderen dient so der Bestätigung der Überzeugung, dass das eigene Ich der Liebe nicht wert sei, dafür aber der Zerstörung.

Dieser Haltung entspricht im Raum des Politischen das Selbstmordattentat. Es ist der symbolische Ausdruck des malignen, selbstzerstörerischen Narzissmus.

Doch in jedem dieser Fanale aus Fremd- und Selbsthass spiegelt sich nicht nur der Narzissmus der Attentäter, sondern auch derjenige des Westens. Im Spiegel des Selbstmordattentats lässt eine narzisstisch zutiefst gekränkte Kultur des Ostens den Westen in den Abgrund seiner eigenen Seele blicken.

An der Hilflosigkeit gegenüber den Selbstmordattentätern erfährt der Westen so die Hilflosigkeit gegenüber der eigenen narzisstischen Störung. Sie erscheint ihm so alternativ-, so ausweglos wie dem Attentäter das Attentat.

Was daher so dringend Not tut im einen wie im anderen Falle, ist der distanzierende Blick von außen, die Krankheitseinsicht.

VII.

Narzisstische und schizoide Störung haben einen nicht unerheblichen Teil ihrer Symptomatik gemein. Beiden, narzisstischen wie schizoiden Persönlichkeiten ist das eigene Ich das erste und eigentliche Objekt. So sehr, dass sie ihm verhaftet bleiben, sich nicht von ihm zu lösen vermögen. Diese Fixierung auf das eigene Ich hat ihren Preis. Ihn zahlen die anderen, die unterrepräsentiert, auf Abstand gehalten, in die Ferne geschoben werden. Das Leitsymptom schizoider wie narzisstischer Persönlichkeiten ist schließlich die Vermeidung menschlicher Nähe. Vor ihr suchen sie Schutz in Isolation und Egozentrik. Die aber bringt Misstrauen und Argwohn hervor. Diese in der Regel einem frühen Objekt, einer früh erworbenen inneren Repräsentanz (von Vater oder Mutter) geltende Haltung wird dann nach außen projiziert und generalisiert. Nun sind es die Nächsten, die auf Distanz gehalten, entwertet oder bekämpft werden.

Teilen Narzissten wie Schizoide deshalb ihre Präferenz für den Abwehrmechanismus der Affektisolierung, was sie emotional kühl und gegenüber dem Schicksal anderer gleichgültig macht, so unterscheiden sie sich doch in ihrem Verhalten: Narzissten bemühen sich um die Gunst der anderen, ja, mehr als das, sie buhlen darum; nichts ist ihnen wichtiger (diese Haltung teilen sie mit dem Hysteriker) als Anerkennung und Bewunderung, da sie sich von ihr Heilung oder doch zumindest die Linderung des Schmerzes erhoffen, den ihnen der frühe Mangel an Aufmerksamkeit und Wertschätzung zugefügt hat. – Schizoide Persönlichkeiten hingegen scheren sich nicht einmal mehr um das Lob der anderen. Diese radikale Unabhängigkeit von jeglicher Anerkennung äußert sich bei ihnen in Gleichgültigkeit und Indifferenz. Sie fühlen nicht nur nicht, was in anderen vorgeht, es interessiert sie auch nicht. Der Andere wird nun nicht mehr nur narzisstisch entwertet, er wird schizoid entmenschlicht, ein Ding unter Dingen.

Wo dieses schizoide Erleben zur Maßgabe sozialen Handelns wird, wird es soziopathisch. Nun fehlt die Fähigkeit, sich in andere hineinzuversetzen, Verantwortung zu übernehmen; Soziopathen haben stattdessen eine Neigung zu aggressivem Verhalten, sie sind unfähig, aus Erfahrungen zu lernen, und es fehlt ihnen jegliches Schuldbewusstsein. Kurz, sie sind so, wie die westlichen Gesellschaften in anderen Teilen der Welt wahrgenommen werden.

VIII.

Das Subjekt sei unauffindbar, tot, habe sich, wenn es noch lebt, längst überlebt, so scholl es bis vor kurzem aus den Hörsälen und Hinterzimmern des Weltgeistes.

Nichts davon ist wahr, natürlich nicht. Das Subjekt ist das Letzte, das übrig bleibt, wenn sonst nichts mehr bleibt, außer der Herrschaft, sei es die des Kapitals oder sonst eines totalitären Herrschaftsanspruchs. Und das Selbstbewusstsein, die Selbstgewissheit des Ichs erwächst dabei nicht aus irgendeinem *Cogito*, aus dem Denken also, sondern aus der Gewissheit des Begehrens. Denn wer begehrt, begehrt etwas für sich, nicht (oder nur mittelbar) für andere, und muss daher zwischen sich und anderen (die anderes oder das Gleiche begehren) unterscheiden können.

In der kapitalistischen Kultur des Begehrens war daher das Subjekt niemals wirklich bedroht, schon gar nicht durch Theorie oder Philosophie.

Die wirkliche Bedrohung des Subjekts resultiert heutzutage vielmehr daraus, dass es zwar Moderne und Postmoderne überlebt hat, aber nur in entstellter, eben narzisstischer Gestalt.

Dergestalt scheint es unangefochten von jedwedem Zweifel; es existiert einfach fort, nunmehr immun gegen Einwände und Vorbehalte aller Art. Seine einzige Gewissheit ist sein Begehren. Dieses unbelehrbare und unbeirrbare, sich in Größenphantasien ergehende Subjekt kennt eigene Erfüllung nur auf Kosten der anderen, den eigenen Reichtum nur auf Kosten der Armut der anderen, die eigene Herrschaft nur auf Kosten der Knechtschaft der anderen. Es ist dieses Subjekt, das in Zeiten des Hoch- und Hyperkapitalismus den von der Postmoderne einst proklamierten Tod des Subjekts überlebt hat.

IX.

Das ungute Gefühl, das wir am Leben haben, dies, dass es selbst unter idealen Wohlstandsbedingungen nicht in der Lage wäre, unseren Ansprüchen zu genügen, ist kaum vorstellbar ohne das narzisstische, in seiner Bedürftigkeit niemals zufriedenzustellende westliche Subjekt. Der Eindruck, es müsste mehr bereithalten für uns, das Leben, als es bereithält, bedingt ein notorisches Ungenügen an ihm. Er führt dazu, dass das Leben – das eine, das wir haben

– wie etwas erscheint, das, da es ja nur so kurz währt und bald vorbei sein wird, auszukosten, auszubeuten ist wie etwas, wovon man niemals genug haben kann.

Dass sich Menschen in Zeiten des Hochkapitalismus zu ihrem Leben verhalten wie nach marxistischer Lehre der Unternehmer zum Lohnarbeiter, nämlich nach dem Schema der Ausbeutung, das sollte zu denken geben. Vor allem dies, dass da etwas nicht mit rechten Dingen zugeht.

Und das tut es nicht! Vor allem deshalb nicht, weil das ökonomisch-narzisstische Lebensverständnis als eine zur Gewinnung von Mehrwert auszubeutende Ressource ein verzerrtes, von einer unstillbaren Bedürftigkeit entstelltes Verständnis ist. Der Mehrwert des Lebens ist das Leben selbst. Alles andere dagegen ist Abwehr gegen das Leben.

X.

Narzisstische Gesellschaften leben hinter einer Charaktermaske, zu deren Aufrechterhaltung sie auch dem Einzelnen Beträchtliches abverlangen. Die gesellschaftliche Relevanz von körperlicher Attraktivität, von Mode, Kosmetik, Fitness zeigt dabei, wie aus dieser Charakter- zugleich eine Körpermaske geworden ist. Um beides aufrechtzuerhalten, bedienen sich narzisstische Gesellschaften der Verleugnung.

Denn zwar gehen sie gut marxistisch davon aus, dass das Sein das Bewusstsein bestimmt, doch bleiben sie blind gegenüber dem eigenen Unbewussten, das ihr Sein bestimmt.

So haben westliche Gesellschaften, die sich über die Knappheit und Verteilung von Gütern, also über das Begehren bestimmen, kaum einen Zugang zu diesem Begehren, geschweige denn einen Begriff davon.

Und sie bemerken nicht, dass das Begehren, das sie zu stillen suchen, nach einer ganz anderen Nahrung verlangt, als es die ist, mit der sie es zu stillen suchen.

Auch deshalb ist das Erleben von unstillbarer Bedürftigkeit, von Sehnsucht in diesen Gesellschaften allgegenwärtig. Es ist der Ausgangs- und Ankerpunkt ihres Selbsterlebens.

Zur Abwehr dieses unstillbaren Hungers halten diese sehnsuchtskranken Gesellschaften den Glauben aufrecht, die Befriedigung von Bedürfnissen sei das schlechthin Erwartbare. Mit der Konsequenz, dass da, wo die mit dieser Abwehr einhergehende Erwartung nicht eingelöst und deshalb Frustration (statt Bedürfnisbefriedigung) erfahren, denen eine Schuld zugewiesen wird, die oft am wenigsten für die narzisstische Zurichtung der Gesellschaft können: den Arbeits- oder Obdachlosen, den psychisch Erkrankten oder/und stellvertretend derzeit für sie alle: den sogenannten Flüchtlingen, denen, die am Leben verzweifelt sind oder zu verzweifeln drohen.

So dient die Abwehr narzisstischer Verletzungen der Aufrechterhaltung einer Ordnung, die, anders als zu früheren Zeiten, derzeit nicht einmal durch wachsende soziale Ungleichheit wirklich bedroht zu sein scheint. Zu fest der Schein, zu unverrückbar die Charaktermaske einer großartigen, ob ihres kulturellen und technischen Fortschritts immer noch alternativlosen Gesellschaftsform. Wer dieses kollektive Selbstverständnis aufkündigt und das narzisstische Größenselbst in Frage stellt, der erfährt die meist im Gewand der Political Correctness vorgetragene kollektive Gewalt der Ausgrenzung.

XI.

Worin aber besteht die Kränkung, der narzisstische Gesellschaften zu entkommen suchen?

Zunächst einmal in dem gesellschaftlichen Paradoxon schlechthin, dass Gesellschaften zwar aus Einzelnen bestehen und für Einzelne (die ohne sie nicht überleben könnten) da sind, gleichwohl aber die Einzelnen nicht meinen, das Gemeinwohl zuletzt über das des Einzelnen stellen müssen. Jede Gesellschaft, heißt das, existiert überhaupt nur auf der Grundlage der vielen Einzelnen, bedarf aber des individuellen Einzelnen nicht wirklich. Diesen Widerspruch und die damit verbundene Kränkung des Einzelnen kompensieren narzisstische Gesellschaften, indem sie den Einzelnen sakralisieren, als individuelle, unverwechselbare Persönlichkeit. Doch gelingt diese Kompensation niemals vollständig. Im Gegenteil, je mehr Individualität, Einzigartigkeit und Einmaligkeit herausgestellt werden, desto deutlicher wird, dass es im Grunde auf den Einzelnen nicht ankommt, desto deutlicher wird seine Austausch- und Ersetzbarkeit. Diese Entwertung kaschieren Leistungsgesellschaften durch Anerkennung als Prestige oder symbolisches Kapital, ohne deshalb doch darüber hinwegtäuschen zu können, dass sie als Gesellschaften den Einzelnen nur in seiner Funktion anerkennen können. Vor der Herausforderung der Anerkennung des wirklich Individuellen in der Gestalt des Dysfunktionalen, Abseitigen, Eigensinnigen oder eben Idiotischen versagen Gesellschaften – und nicht nur sogenannte Leistungsgesellschaften denn auch regelmäßig. Auch wenn damit nicht gesagt ist, dass das so bleiben muss. Die gegenwärtige Krise hochnarzisstischer, also über die Zuweisung des knappen Gutes Anerkennung sich selbst definierender Gesellschaften muss nicht unüberwindbar sein.

Nur eben erzeugt der gesamtgesellschaftliche Wettstreit um das knappe Gut der Anerkennung und mittelbar um den damit verbundenen Zugang zu Ressourcen beim Einzelnen das ständige Gefühl der Minderwertigkeit. Er spürt, dass er im Grunde nicht gut genug ist für die Gesellschaft, in der er lebt, weshalb er sich, seine Fähigkeiten und damit seine Anerkennungswürdigkeit andauernd unter Beweis stellen muss, ein Leben lang.

Was die narzisstische Gesellschaft damit dem Einzelnen antut, erfährt sie freilich gerade selbst. Denn derzeit wird ihr im weltweiten Maßstab Anerkennung entzogen, obwohl oder gerade weil sie glaubt, unbedingte Anerkennung zu verdienen. Als Reaktion auf den Entzug von Anerkennung und die damit verbundene Kränkung kennt sie, wie jeder Narzisst, nur Unverständnis, Wut, Empörung.

XII.

Hans Joachim Maaz sieht einen wesentlichen Grund für die narzisstische Störung im Mangel an Mütterlichkeit, darin, dass Kinder nicht ausreichend versorgt werden, seelisch versorgt werden, mit Interesse, Bestätigung, Zuwendung, bedingungsloser Anerkennung, von Vätern wie Müttern.[22] Dieser Mangel an Mütterlichkeit geht, so Maaz, einher mit dem, was er *Muttervergiftung* nennt. Was vergiftet wird, ist (warum, aus welcher elterlichen Vorerfahrung heraus auch immer) das Verhältnis von Eltern und Kind, dadurch nämlich, dass das Kind seelische Nahrung nur um den Preis der Anpassung erhält. Dies fokussiert die Aufmerksamkeit des Kindes auf die Außenwahrnehmung. Es muss, um die knappe Nahrung Zuwendung zu erhalten, seine Außenbeobachtung verfeinern, auf Kosten der Innenwahrnehmung. Narzissten sind deshalb in ihrer Weltwahrnehmung meist nach außen orientiert; was ihnen wichtig und viel wert ist, auch sonst, sind Status, Stand und Wohlstand. Doch heißt das nicht, ihnen gelte nur das etwas, das äußerlich ist. Die Wünsche der anderen, zunächst und zumeist der Eltern, zu erkennen heißt, deren Innenleben zu kennen, noch aus geringsten Regungen des Anderen, seine Wünsche und Erwartungen zu destillieren. Kaum jemand ist deshalb auch versierter darin, die

22 Vgl. Hans-Joachim Maaz: *Die narzisstische Gesellschaft. Ein Psychogramm*, München 2014, S. 120f.

Schwächen im Seelenleben der anderen zu erkennen, als eben Narzissten.

Dass sie sich auskennen, im Seelenleben der anderen heißt jedoch nicht, dass sie diese Kenntnis ihrer Einfühlung verdanken. Sie kennen sich aus, im Seelenleben ihrer Mitmenschen, wie man sich in einer Stadt auskennt oder in einem Supermarkt. Man weiß, was wo zu finden ist.

Dieser äußerliche, unempathische Zugang zum Innenleben des Anderen macht für sie aus dem Anderen ein seelenloses Wesen. Doch eines, von dessen Wertschätzung und Anerkennung sie sich abhängig wissen. Und es ist die in dieser Abhängigkeit liegende Erniedrigung, die sie dem Anderen heimzahlen mit unendlicher Wut und Entwertung.

XIII.

Die Anpassungsleistung, die noch so liberale Gesellschaften denen abverlangen, die an ihnen partizipieren, ist enorm. Und dass in vielen dieser Gesellschaften hochentwickelte Wohlfahrtseinrichtungen überlebenswichtige Grundbedürfnisse sichern, macht diesen Anpassungsdruck nicht geringer, sondern höher. Denn wer Leistungsorientierung oder die Werte westlicher Gesellschaften nicht akzeptiert, wer gar aussteigt aus dem Verwertungszusammenhang menschlicher Ressourcen, sich etablierten Ansprüchen verweigert, der begibt sich durch die Nutzung der Wohlfahrtsleistungen doch in die Schuld dieser Gesellschaften, wird zum Sozialschmarotzer. Dass aber der, der aussteigen möchte aus westlichen Gesellschaften, emigrieren muss, zeigt die Totalität ihres Anpassungsdrucks. Nahrung, gar die soziale Nahrung der Anerkennung gibt es nur um den Preis der Anerkennung des Bildes, das die Gesellschaft von sich entwirft. Dies aber provoziert ein reaktiv-narzisstisches Verhältnis des Einzelnen zur Gesellschaft, die wie der feindliche Bewacher des eigenen Gefängnisses ausgespäht wird, um ihm ein Schnippchen zu schlagen – und sei es bei der nächsten Steuererklärung.

Das daraus resultierende Verhältnis des Einzelnen zur Gesellschaft ist eben ein äußerliches. Ein entmenschlichtes, hyperkomplexes, in Leistungszusammenhänge ausdifferenziertes Sozialsystem ist nichts mehr, womit man sich identifizieren oder wofür man sich begeistern könnte. Die wissenschaftliche Entmündigung des Menschen durch die Systemtheorie der Gesellschaft, seine Herabwürdigung zum Statthalter von Funktionen tut dann ihr Übriges hinzu; sie verleiht der Entfremdung des Einzelnen von der Gesellschaft, seinem Rückzug ins Private die Würde der Wissenschaft.

Diejenigen jedoch, denen die westlichen Gesellschaften gestatten, sich in ihnen zu verwirklichen, indem sie sie vor der Zumutung der Annahme eines bloßen Jobs zur Sicherung des sozialen Überlebensunterhalts bewahren, verlieren häufig genug kein gutes Wort über sie.

Wo aber Entsolidarisierung und Entfremdung mit einem hohen Anpassungsdruck einhergehen, ist reaktive Wut das Erwartbare. Oder, mit den Worten von Maaz: *Atomreaktoren kann derjenige bauen und betreiben, den die Folgen von Tschernobyl und Fukushima nicht mehr emotional erreichen. Schulden kann der machen, den das Leben der Kinder und Enkel emotional nicht mehr wirklich berührt. An Börsen können nur Menschen zocken, die keinerlei emotionalen Bezug mehr zu ihrer Entscheidung haben, also schwer narzisstisch Kranke!*[23]

Dieses narzisstische Verhältnis des Einzelnen zur Gesellschaft wiederholt sich im Verhältnis westlicher Gesellschaften zu anderen Gesellschaften, von denen sie Anpassung verlangen – Anpassung an Wertsysteme, vor allem Anpassung an die westlichen Formen des ökonomischen Tauschs. Aber sie fordern nicht nur Anpassung, sondern auch Anerkennung, Wert-, ja Hochschätzung. Wo ihnen

23 Ders.: ebd., S. 205.

diese versagt wird, reagieren sie ihrerseits, wenn nicht mit offener Aggression und Entwertung, so doch mit Gleichgültigkeit.

XIV.

Einer der geläufigsten Abwehrmechanismen des Narzissten ist seine Identifikation mit dem Aggressor, das heißt, seine Neigung, sich mit denen, die ihm angetan haben, worunter er leidet, zu identifizieren. Denn so ist er in der Lage, Ärger, Wut, Aggression gegenüber denen abzuwehren, an die er sich gebunden weiß und deren Zurückweisung er fürchtet. Indem die fremden Wünsche zu eigenen Wünschen werden, wird die Differenz zwischen beiden, zwischen Eigenem und Fremdem aufgehoben. Das allerdings kann nur um den Preis der Unterordnung der eigenen Wünsche unter die der anderen geschehen, um den Preis der Selbstverleugnung also. Diesen Preis entrichtet zu haben, wird der Narzisst fortan nie mehr vergessen. Und er wird ihn, wo immer er kann, zurückfordern. Freilich in der vergeblichen Hoffnung, damit etwas anderes zurückzuerhalten, was er nie besessen hat, den Bezug zum eigenen Selbst. Die Gewissheit seines Verlusts ist oft das Einzige, das dem Narzissten bleibt. Weshalb ein Gefühl des Sich-selbst-fremd-Seins, der Künstlichkeit des eigenen Ichs oft das Einzige ist, dessen er sich unmittelbar gewiss ist.

Indem sie sich mit dem Täter identifizieren, distanzieren sich Narzissten aber nicht nur von ihren Opfern, sondern eben auch von dem Opfer, das sie selber sind und dessen Leid sie so wenig fühlen wie dasjenige, das sie anderen antun.

Eines der wichtigsten Behandlungsziele in der Therapie narzisstischer Persönlichkeitsstörungen ist daher die Erweckung des Selbstmitgefühls. Bevor sie fühlen, was erst heißt: verstehen können, was sie anderen antun, müssen sie erst einmal fühlen, was ihnen angetan wurde. Eine der bedeutsamsten Interventionen zur

Erweckung dieses Selbstmitgefühls (und damit mittelbar eines heilsamen Schuldgefühls gegenüber anderen) besteht darin, die Betroffenen mit der Erkenntnis zu konfrontieren, dass sie in ihrer fortgesetzten Fühllosigkeit nicht nur anderen, sondern gerade sich selbst noch einmal antun, was ihnen angetan worden ist, sie sich heute allein lassen, wie sie einst allein gelassen worden sind.

Auch westliche Gesellschaften fügen sich, was andere ihnen oder sie selbst sich angetan haben, in einem fort weiter zu. So halten sie ihre Fühllosigkeit sich selbst und anderen gegenüber für den Preis des Fortschritts oder – idealisierend – für eine Errungenschaft der Moderne, immer aber für ihr unausweichliches, natürliches Schicksal. Und in der Tat: Die Naturalisierung gesellschaftlicher (also auf Entscheidungen beruhender) Verhältnisse ist die derzeit geläufigste Form der Identifikation westlicher Gesellschaften mit ihrem Aggressor.

XV.

Während Depression und Zwang kaum als kollektiv neurotische Phänomene wahrgenommen werden und Hysterie in Gestalt der Massenhysterie als eine Pathologie längst vergangener Zeiten gilt, ist die Diagnose *kollektiver Narzissmus* in aller Munde. Ohne deshalb eine ganz neue Diagnose zu sein. Denn bereits die Frankfurter Schule (Adorno, Horkheimer, Lasch) erkennt im Narzissmus eine Pathologie moderner Gesellschaften, auf individueller wie auf kollektiver Ebene. Jede Gesellschaft, aber auch jedes Individuum, so ihre These, gründe sich nicht nur auf Triebregungen und Beziehungswünschen des Individuums, sondern wirke auch auf dessen Regungen und Wünsche zurück. Dadurch aber bildeten Individuum und Gesellschaft zwei Endpunkte eines Kontinuums. Die Störungen der individuellen und der kollektiven Psyche hängen nicht nur zusammen, sie bedingen sich wechselseitig.

Den Grund für das Aufkommen narzisstischer Pathologien sah die Kritische Theorie dabei nicht in der mutter-, sondern der vaterlosen Gesellschaft. Nach dem Zusammenbruch autoritärer Strukturen gab es keine väterlichen Autoritäten mehr – keine Vorbilder, keine Wertorientierungen, die Halt hätten geben können und in der Lage gewesen wären, nicht nur das kindliche, sondern auch das gesellschaftliche Bedürfnis nach Idealisierung zu befriedigen. Das eigene Ich-Ideal, so die These, könne dann nicht mehr aus der idealisierenden Auseinandersetzung mit väterlichen Traditionen und Werten hervorgehen; Gesellschaften verlören im Laufe des Modernisierungsprozesses immer mehr von den Traditionen, die sie benötigen, um in der Auseinandersetzung mit ihnen eine eigene Individualität und Identität zu entwickeln. (Und es ist dabei nicht unmittelbar die Tradition, die eine erwachsene, aufgeklärte Identität stiftet, sondern die Auseinandersetzung mit ihr!) Ohne eine reife Form der Auseinandersetzung mit der Tradition, so Adorno und Horkheimer in der *Dialektik der Aufklärung*, komme eine vater- und zusehends traditionslose Gesellschaft sich selbst abhanden, würde zu dem, was sie heute längst ist: eine notorische, vor allem aber heillose Identitätssucherin auf den Jakobswegen der Weltgeschichte.[24] Worauf immer sie dabei der historische Zufall treffen lässt, sei es die Religion des Marktes oder sonst eine Ideologie – die ihrer selbst so fremden, sich ihrer selbst so unsicheren Gesellschaften des Westens sind immerzu in der Gefahr, sich ihm zu überantworten. Denn, was sie bestimmt, ist Bedürftigkeit und Verunsicherung, nicht Urteilskraft.

Die allenthalben und bereits von Horkheimer und Adorno beklagte Infantilisierung der Spaßgesellschaft, ihre Bindungslosigkeit und,

24 Theodor W. Adorno: *Sociology and Psychology, New Left Rev. 47* (1968), S. 79-95 sowie ders./Max Horkheimer: *Dialektik der Aufklärung. Philosophische Fragmente,* Frankfurt a. M. 1944.

daraus resultierend, ihre Oberflächlichkeit in den Objektbeziehungen entspricht dieser kollektiv narzisstischen Störung. Die Ideologie der Selbsterschaffung, des unternehmerischen Selbst ist an die Stelle der Entwicklung wahrer Subjektivität getreten. Das Größen-Selbst oder das vermeintlich grandiose Selbst kompensiert so die tatsächliche Schwäche des Selbstwertgefühls. Die kollektive Ich-Ideologie der Moderne, die den modernen Menschen zu einem notorischen Identitätssucher werden ließ, kaschiert kaum noch den Umstand, dass kaum einer noch Halt am eignen Selbst zu finden vermag. Stattdessen wird Halt, Orientierung nun in gut narzisstischer Manier im Außen gesucht. Wer Introspektion betreibt, gar darüber tiefsinnig wird, wird suspekt und früher oder später zum Außenseiter. Denn mit Innenschau und Innerlichkeit weiß ein narzisstischer Zeitgeist nicht nur nichts anzufangen, sie ängstigen ihn.

Narzisstische Gesellschaften sind deshalb immer schon Als-ob-Gesellschaften. Ihre Angehörigen suchen Halt am ökonomischen oder symbolischen Kapital, an Karriere und sozialem Status – und wissen doch, dass es auf nichts davon wirklich ankommt im Leben. Gleichwohl tut man so, als käme es doch darauf an. Wider besseres Wissen. Man bindet sich an Wert-, Überzeugungs- und Sinnsysteme und bleibt doch in eigentümlicher Distanz zu ihnen. So entsteht ein fortgesetztes Ver- und Entfremdungserleben.

Dem sozialen Streben nach Autonomie, nach der Fähigkeit, sich das Gesetz des eigenen Handelns selbst zu geben, widerspricht so das Bestreben der Als-ob-Persönlichkeit, sich aus dem eigenen Erleben herauszuhalten. Das Ich wird eben nur dem Schein nach fortwährend gesucht; tatsächlich wird es gemieden. Denn es muss für etwas einstehen, wofür es nicht einstehen kann. Nämlich für die Möglichkeit, sich das Gesetz des eigenen Lebens selbst zu geben. Das jedoch ist unmöglich. Viel zu groß sind die dem Ich aufgebürdeten Begründungslasten. Diese narzisstische Kränkung des modernen Ichs, seine auf allen Gebieten des Denkens und Darstellens betriebene notorische Verunsicherung und Überlastung hat, wie nicht anders zu erwarten, zu seiner lebensweltlichen Idealisierung geführt, in den auf Intensivierung des Selbsterlebens angelegten westlichen Gesellschaften. Nun wird dadurch, dass immer mehr immer intensiver erlebt wird oder werden soll, die Frage nach dem, worauf dieses Sollen sich gründet und worauf es zielt, gar nicht mehr gestellt. An Stelle der Erfüllung, der Ich-Werdung steht in den westlichen Als-ob-Gesellschaften die Selbstbetäubung durch Akkumulierung und Intensivierung eines Erlebens, in dem alles Mögliche erlebt wird, aber gerade kein Ich, kein Selbst und schon gar keine Subjektivität.

XVI.

Anders als das depressive Selbst vermag das Größen-Selbst der narzisstischen Persönlichkeit den Anforderungen einer entwickelten Leistungsgesellschaft durchaus zu entsprechen. Denn seine Abwehr gegen den ihm auferlegten Anpassungsdruck ist introjektiver, identifzierender, gerade nicht, wie beim Depressiven, passiv-widerständiger Natur. Der Größe des narzisstischen Über-Ichs entspricht die Größe des Über-Ichs, mit dem sich der Narzisst identifiziert. Während er im Grunde nicht weiß, wer er ist, weiß er sehr wohl, was für andere gut und richtig ist, und was nicht. Dieses Maß, an dem er andere misst, gibt ihm Sicherheit und Halt. Denn es zeigt ihm im Abstand zwischen sich und anderen die Umrisse des eigenen Selbst. Dass die Konkurrenzgesellschaft, in der er lebt, solches Maßnehmen nicht nur begünstigt, sondern vom Einzelnen fordert, begünstigt die Ausprägung narzisstischer Pathologien. Die historische Entwicklung der Familienstruktur tut ihr Übriges hinzu: Ermöglichte die Mittelstandsgroßfamilie des neuzehnten Jahrhunderts samt Bediensteten und Kindermädchen einen Reichtum unterschiedlichster Objektbeziehungen zur Befriedigung unterschiedlichster Bedürfnisse, so verarmt demgegenüber die unter Leistungs- und Mobilitätsdruck stehende, den Glücksansprüchen ihrer Angehörigen ausgelieferte Mittelschichtsfamilie des zwanzigsten Jahrhunderts. Die größeren Freiheitsspielräume ihrer Angehörigen vermindern den Reichtum des innerfamiliären Erlebnis- und Erfahrungsraums und begünstigen über ihre Verarmung die Entwicklung narzisstischer, in ihren vielfältigen Bindungsbedürfnissen früh unterversorgter Persönlichkeiten.[25]

XVII.

Die narzisstische Persönlichkeit ist das Ergebnis einer dreifachen Störung. Was gestört wird, ist zum einen das kindliche Bedürfnis nach Bestätigung seiner in einer frühen Entwicklungsphase imaginierten Perfektion und Omnipotenz, zum anderen die Erfahrungen grundlegender Gleichheit mit den ihn versorgenden Bezugspersonen sowie schließlich das Bedürfnis, mit seinem idealisierten elterlichen Selbstobjekt zu verschmelzen.[26] Es sind die Bedürfnisse nach bedingungsloser Anerkennung, fundamentaler menschlicher Gleichheit und vollkommener Verschmelzung, genauer: Verschmelzung in der Vollkommenheit, die beim Narzissten unerfüllt bleiben. Dass sie unerfüllt bleiben, nicht in jeder menschlichen Beziehung zu erfüllen sind, ist, da machen wir uns nichts vor, das Erwartbare. Dennoch gibt es Entwicklungsphasen, dennoch gibt es Beziehungskonstellationen, in denen diese Bedürfnisse befriedigt werden müssen, um tiefgreifende Störungen zu vermeiden. Die Eltern-Kind-Beziehung zwischen dem zweiten und sechsten Lebensjahr ist eine solche Phase. Dass alle oder nahezu alle Eltern

25 Vgl. Otto F. Kernberg/Hans-Peter Hartmann: *Narzissmus, Grundlagen, Störungsbilder, Therapie,* Stuttgart 2009, S. 184 f.

26 Dies.: ebd., S. 178.

diesen durchaus anspruchsvollen Forderungen an sie genügen, ist dabei kaum zu erwarten. Frustration, Selbstwertstörung, die Erfahrung des Zurückgewiesenseins, des Nicht-Gehörtwerdens dagegen sind das durchaus Erwartbare, narzisstische Störungen in unterschiedlichen Ausprägungsgraden schon deshalb keine Seltenheit. Die Frage ist deshalb nicht, warum es die narzisstische Persönlichkeit gibt, sondern, was geschieht, wenn Gesellschaften den narzisstischen Bedürfnissen ihrer Angehörigen nicht gerecht werden. Und was es überhaupt heißt, für Gesellschaften, diesen Bedürfnissen nach Omnipotenz und Bestätigung, nach fundamentaler Gleichheit und Verschmelzung mit dem idealisierten Selbstobjekt gerecht zu werden?

Wie immer nun Gesellschaften aussehen mögen, die diesen fundamentalen und keineswegs schon malignen narzisstischen Bedürfnissen ihrer Angehörigen gerecht werden, klar ist doch, dass sie anders aussehen als die Gesellschaften, in denen wir leben. Denn diese erkennen Individualität gerade nicht bedingungslos an, sondern nur im Modus der Leistungsbereitschaft; sie funktionieren gerade nicht auf der Basis von Verteilungsgerechtigkeit, sondern als Konkurrenzgesellschaften und verweigern sich überdies dem zutiefst humanen Grundbedürfnis einer Antwort auf die Kant'sche Frage: *Was darf ich hoffen?*

Individuelle Anerkennung, Gerechtigkeit und Utopien lassen diese Gesellschaften zwar zu, und, mehr als das, sie schaffen sogar die Bedingungen ihrer Möglichkeit, doch die Erfüllung dieser Bedürfnisse kümmert sie wenig.

Den Eigensinnigen, Eigenbrötlern und Unangepassten bleibt deshalb das Prekariat vorbehalten; den, der mit Entschiedenheit für soziale Gerechtigkeit eintritt, nennen sie kurzerhand einen Idealisten; und wer die Frage *Was darf ich hoffen?* ernst nimmt, gilt gar als von allen guten Geistern verlassen.

XVIII.

Das dem Westen eigene Gefühl moralischer Überlegenheit gegenüber Andersdenkenden, erst recht gegenüber anderen Gesellschafts- und Wirtschaftsformen geht mit dem Anspruch universaler Anerkennung einher.

Wie das Kleinkind, das die eigene Ohnmacht abwehrende Gefühl der Allmacht auf ein Außen (einen Elternteil) projiziert, um sich mit ihm verbinden zu können, benötigen auch Gesellschaften solche Projektionsflächen oder Instanzen zur Rechtfertigung des eigenen Überlegenheitsgefühls. Westliche Gesellschaften berufen sich dabei bekanntlich nicht mehr auf einen Bund mit Gott (das war das historisch überlieferte Schema zur Rechtfertigung eigener Allmacht) oder (in dessen Nachfolge) auf die ausgezeichneten Qualitäten einer Nation, sondern auf die durch den Siegeszug von Technik und Sozialtechnologie dokumentierte Omnipotenz von Vernunft und Verstand. Da aber diese Instrumente des aufklärerischen Fortschritts selbst gegenaufklärerisch wirken können, da sich die Aufklärung, das war bekanntlich die These der *Dialektik der Aufklärung*, in ihnen gegen sich selbst wendet, verzichten die westlichen Gesellschaften mittlerweile darauf, die Gründe und Instanzen ihres Überlegenheitsgefühls beim Namen zu nennen. Man handelt nicht mehr im Bewusstsein der auf Gott, Vaterland oder Vernunft gegründeten Überlegenheit, sondern nur noch aus dem diffusen Gefühl eigener Überlegenheit heraus. An die Stelle des realen Anspruchs auf Überlegenheit tritt die Vagheit des Gefühls. Dieses hat, jedenfalls eine Zeitlang, über die Ernüchterung und Enttäuschung hinweggetröstet, die die Allmachtsphantasien früherer Generationen nach sich gezogen haben.

Diese Zeit scheint nun an ein Ende gekommen zu sein. Der Narzissmus grassiert und hat sich doch längst überlebt.

Psychotherapie der Gesellschaft

I.

Hinter der seit dem Mauerfall, also seit mehr als einem Vierteljahrhundert bestehenden Weigerung, über alternative Gesellschafts- und Wirtschaftsformen jenseits privater Zirkel nachzudenken, verbirgt sich eines der zentralen Symptome der kollektiven Persönlichkeitsstörung: erlernte Hilflosigkeit, also die erworbene Erwartung, die Zukunft weder kontrollieren noch beeinflussen zu können. Man hat den Eindruck, den Gesetzmäßigkeiten des Marktes unterworfen zu sein wie sonst nur Naturgesetzen. Auch die ängstliche Unruhe und hektische Betriebsamkeit der Tagespolitik vermag nicht über die erworbene Hilf- und Ratlosigkeit moderner Gesellschaften hinwegzutäuschen – gerade dann, wenn es um entferntere Ziele, gar um andere Ziele und Lebensformen geht. Alles, was bleibt, sind, so scheint es, Leere, Niedergeschlagenheit, Verhältnisse, die nun einmal sind, wie sie sind.

Dieses schwarze und natürlich zu schwarze Bild der Zukunft verschafft sich im öffentlichen Diskurs als Klage, Anklage, Empörung Gehör: im Skandal. Es erscheint aber immer mehr auch als Verbitterung darüber, dass keine Fortschritte erzielt werden: im Kampf der Kulturen, bei der unter neoliberalistischen Vorzeichen größer, nicht geringer werdenden sozialen Ungleichheit, beim rasanter, nicht langsamer fortschreitenden Klimawandel – kurz, bei der Gestaltung einer lebenswerteren Zukunft.

Es ist daher der Glaube an den Fortschritt selbst, dem derzeit das kollektive Lamento gilt, trotz unbezweifelbarer Fortschritte, etwa in der Befriedung Europas, in Fragen der Gleichberechtigung sexueller Minderheiten, in der weltweiten Bekämpfung des Hungers. Obwohl es, anders als die Postmoderne glaubte, Fortschritt gibt, scheint es niemanden mehr zu geben, der an ihn glaubt.

Und so ist es Verzagtheit, die sich breit macht, derzeit besonders in Form und Gestalt der Kapitalismuskritik. Kein Tag, der vergeht, ohne dass der Untergang des Abendlandes prophezeit oder behauptet würde, Demokratie und Kapitalismus hätten sich schlicht überlebt. Doch genau dieses, scheinbar so sehr dem Untergang geweihte Abendland ist das Sehnsuchtsland einer weltweit steigenden Zahl von Flüchtlingen. Irgendetwas, heißt das, kann da also offenbar nicht ganz stimmen.

Und das tut es nicht. Noch an der Maßlosigkeit der Kultur- und Kapitalismuskritik unserer Tage wird deutlich: Auch sie ist nur ein Symptom. Ein Symptom der kollektivneurotischen Verfassung westlicher Gesellschaften.

Doch das muss nicht so bleiben! Die allgemeine Resignation ist aus psychopathologischer Sicht auch nur ein Symptom unter anderen, eine von vielen möglichen Kompromissbildungen aus ursprünglichem Wunsch und gegen den Wünschenden selbst gerichteter Aggression. Das aber heißt, die kollektive Persönlichkeitsstörung ist therapierbar!

II.

Die bisherigen Mittel und Verfahren, die Kollektivneurose unserer Tage zu kurieren, haben sich als untauglich erwiesen. Denn die bislang und so auch im Kampf der Kulturen bevorzugten Bewältigungsstrategien sind Vernunft und Gewalt. Gewalt aber provoziert immer nur wieder Gegengewalt. Und Vernunft, so aufklärerisch wirkungsvoll sie daherkommt, vermag keine Symptome zu kurieren! Ein Umstand, den gerade die Diplomatie schmerzlich erfährt.

Denn ganz gleich, wie rational, wie überzeugend man ein Symptom auch aus der Welt zu schaffen sucht, das Symptom wird bleiben. Terroristen, Psycho- oder Soziopathen ist mit Vernunft nicht beizukommen.

Gewalt heißt das, auf die einst Revolutionen als Mittel der Veränderung und Vernunft, auf die Aufklärung und Moderne als Katalysator des sozialen Wandels gesetzt haben, sind im gesellschaftspolitischen Kontext keine unvermeidlichen, immer aber unzureichende Mittel der Veränderung. Einfach deshalb, weil sie die emotionale Seite des Konflikts von Wunsch und Wirklichkeit unberücksichtigt lassen.

Doch gibt es ein Medium sozialen Wandels, das genau diese emotionale Seite bei der Vermittlung von Wunsch und Wirklichkeit berücksichtigt: die ästhetische Erfahrung. Warum gerade sie? Einfach deshalb, weil in ihr Vernunft und Gefühl, Kognition und Emotion immer schon vermittelt sind. Auf der ästhetischen Erfahrung ruhte deshalb seit Schillers *Briefen über die ästhetische Erziehung des Menschen* eine, wenn nicht die große Hoffnung der Moderne immer dann, wenn es um die Versöhnung von Wunsch und Wirklichkeit ging. Und bis heute ist diese Hoffnung an der Erfahrung des Schönen ablesbar. Denn in ihr liegt ja immer noch die Verheißung, dass Wunsch und Wirklichkeit sich eben doch versöhnen ließen, im Hier und Jetzt, im schönen Augenblick, in der Kunst. Wenigstens in der Kunst! Und wenn da, weshalb dann nicht auch anderswo?

Die Kunst war, das war für Schiller so und ist auch heute für die meisten Künstler nicht anders, deshalb kaum je nur ein Medium der ästhetischen Erfahrung. Sie galt immer auch als ein Mittel zur Verbesserung der Welt. So ästhetizistisch, so selbstverliebt sie mitunter auch daherkommt, aller Kunst wohnt nie nur ein ganz besonderer Zauber inne, sondern immer auch ein utopischer, das aber heißt ein politischer Impuls.

Für die Romantiker wie auch für die 68er-Bewegung oder die Postmoderne galt deshalb: Wer die Welt verbessern wollte, musste ihre Erfahrung ästhetisieren oder, wie das zu Beginn des neunzehnten Jahrhunderts hieß: romantisieren. Dies aber bedeutete, mit Novalis die Welt als einen schöpferischen Organismus zu verstehen, in dem alles mit allem zusammenhängt. Unter den Bedingungen einer ästhetisch potenzierten und intensivierten Wahrnehmung, so die Idee, sollte sich der kollektiv erfahrene Sinnverlust der Moderne kompensieren lassen.

Doch obwohl in unserem Zeitalter der Globalisierung längst alles mit allem zusammenhängt, ist das Gegenteil der Fall. Zwar hat die globale massenmediale Verbreitung von Kunst und Kultur zu einer Ästhetisierung der Lebenswelt in einem nie gekannten Ausmaß geführt, doch sind die Sinnbildungsdefizite nicht kleiner, sondern mit dem Ende der großen Erzählungen und Welterklärungsmodelle größer geworden. Zwar sind in den entwickelten westlichen Demokratien immer mehr Menschen in der Lage, ihr alltägliches Erleben nicht mehr zweck-, sondern erlebnisorientiert und damit ästhetisch zu gestalten, doch hat dies nur zu einem Gefühl von Leere und Taubheit geführt. Novalis' emphatische Forderung, nun endlich *dem Gemeinen einen hohen Sinn, dem Gewöhnlichen ein geheimnisvolles Ansehen, dem Bekannten die Würde des Unbekannten, dem Endlichen einen unendlichen Schein*[27] zu geben, klingt heute in den Ohren vieler nur noch wie sentimentaler Kitsch aus längst vergangenen Zeiten.

Aber noch in dieser Abwehr gegen das, was am Gedanken Gefühl ist, zeigt sich: Die Ästhetisierung der Lebenswelt hat auf der einen Seite zwar zu einer Intensivierung und Differenzierung des Erlebens, auf der anderen Seite aber zu Sinnbildungsdefiziten und mit ihnen zu dem Depressiven wie Schizoiden bestens vertrauten Gefühl der Gefühllosigkeit geführt.

27 Novalis: *Fragmente.* Erste vollständige, geordnete Ausgabe. Hrsg. von E. Kamnitzer. Dresden 1929, vgl. http://gutenberg.spiegel.de/buch/fragmente-6618/24.

Wesentlich verantwortlich für diese Entwicklung sind die für den Wandel und die Steuerung sozialen Erlebens verantwortlichen Institutionen. Spätestens seit dem Kampf von Reformation und Gegenreformation um den einzig wahren Glauben war die Religion die für Steuerung und Wandel des kollektiven Welterlebens maßgebliche Institution. Und sie behielt diese Funktion bis in das zwanzigste Jahrhundert hinein. Doch mit der im neunzehnten Jahrhundert einsetzenden und bis in unsere Tage fortdauernden Ästhetisierung der Lebenswelt trat sie diese Aufgabe zuerst an die Künste ab, dann an die Avantgarden, die mal mehr der Kunst, mal mehr der Politik verpflichtet waren, und schließlich an die Medien, begünstigt durch den rasanten Fortschritt der Nachrichtentechnologie. Die Medien sind dabei im Funktionszusammenhang der Gesellschaft an die Stelle der Religion getreten.[28] Ihnen obliegt es nun, wie einst der Religion, kollektive Emotionen zu steuern. Dabei haben Medien gegenüber der Religion einen entscheidenden Vorteil. Sie müssen Emotionen nicht mehr an Wahrheiten oder Überzeugungen binden. Anders als Religionen fürchten Medien deshalb auch weder Unwahrheiten noch Ungläubige. Auf Fakten können sie nicht erst im postfaktischen Medienzeitalter getrost verzichten. Denn was sie prozessieren, womit sie handeln, ist nicht Wahrheit, sondern Aufmerksamkeit.

Ihre Emanzipation von Wahrheit, Wirklichkeit und dem wahren Glauben an eine Wirklichkeit verleiht ihnen einen libertären Charakter. Nicht zufällig ist das Marlboro-Gefühl der großen Freiheit längst zum Fetischcharakter der Smartphones und Tablets geworden. Der Begriff der Freiheit, einst dazu angetan, das spezifisch Menschliche am Menschen kenntlich zu machen, tritt uns heute verdinglicht entgegen, als Kommunikationstechnologie, die Inhalte

28 Wenn ein Werk, dann wirbt das Jochen Hoerischs für diese These. Vgl. z. B. ders.: *Gott, Geld, Medien – Studien zu den Medien, die die Welt im Innersten zusammenhalten*, Frankfurt a. M. 2004.

– Contents – kommuniziert, auf die sich niemand mehr verpflichten muss. Denn was kommuniziert wird, sind ja nur Meinungen, Sicht- und Erlebensweisen, eben Perspektiven, die, wenn überhaupt zu etwas, dann zu allem Möglichen verpflichten.

Medien sind dabei im Funktionssystem der Gesellschaft nicht nur an die Stelle der Religionen getreten, sie haben auch das Erbe der Postmoderne mit ihrem *Anything-goes* angetreten. Und haben eben dadurch einen Wandel kollektiven Erlebens bewirkt, bei dem an die Stelle von Verbindlichkeit und Verlässlichkeit Unverbindlichkeit und Beliebigkeit getreten sind. Wird aber gerade nicht Freiheit, sondern Bindungslosigkeit zum vorherrschenden Gefühl, dann ist auch das eine Abwehr – gegen das Gefühl.

Gerade aber dass sich hier eine Antwort noch nicht einmal abzeichnet, macht sie so dringlich, die Frage, wie sie aussähe, die Alternative.

III.

Da nicht nur Gewalt und Vernunft, sondern auch die ästhetische Erfahrung durch ihre Allgegenwärtigkeit als mediale Erfahrung ihr utopisches Potential aufgebraucht hat, es aber heute mehr denn je gilt, sozialen Wandel endlich unter hinreichender Berücksichtigung des Gefühls zu gestalten, hat die Stunde einer Psychopathologie, vor allem aber einer Psychotherapie des Gesellschaftslebens geschlagen. Die Allgegenwart von Kollektivneurosen, der augenblickliche Zustand des kollektiven Bewusstseins, der verbreitete Eindruck von Ausweg- und Alternativlosigkeit fordert etwas, das es noch nicht gibt, man könnte sagen: ein Desiderat der Menschheitsgeschichte – eben eine Psychotherapie des Gesellschaftslebens, eine Form kollektiver Selbstbeobachtung und Selbsterfahrung.

Doch wenn wir es uns nicht mehr länger leisten können, Einzelne, aber keine Gesellschaften therapeutische Selbsterfahrungsprozesse durchlaufen zu lassen, stellt sich sogleich die Frage, wie sie denn aussehen soll, eine Therapie der Gesellschaft, eine Veränderung gemeinschaftlicher Erfahrung durch Erfahrung und Einsicht.

Was es bereits gibt, sind erste Ansätze dazu: Wahrheitskommissionen etwa, wie es sie in Südafrika oder der Elfenbeinküste (und leider noch nicht im Irak oder in Afghanistan) gab. Sie sind, da sie kollektive Traumata erinnern, wiederholen durcharbeiten, aufklärerische und zugleich therapeutische Mittel des sozialen Wandels. Und es gibt andere Ansätze: Der französische Philosoph Bruno Latour etwa hat jüngst an einem Pariser Theater die systemische Aufstellung einer Klimakonferenz inszeniert, in der buchstäblich jeder Akteur, auch die Natur, eine Stimme bekam. Das sind Ansätze, Versuche sozialen Wandel unter Berücksichtigung von Gefühl und Seelenlagen und damit auch des kollektiven Unbewussten zu vollziehen. Es sind Ansätze, mehr nicht.

Doch bereits jetzt ist klar, wie eine Veränderung gemeinschaftlicher Erfahrung durch Erfahrung nicht aussehen sollte, nämlich so, dass ausgewählte und durch wen auch immer legitimierte Individuen die lenkende, leitende Position des Therapeuten übernehmen.

Eine Therapie des Gesellschaftslebens kann viele Formen annehmen, aber die allseits bekannte Form des dialogischen Einzelsettings dürfte kaum zum Vorbild taugen. Wer schließlich wäre vermessen genug, von sich zu behaupten, er sei in der in der Lage, eine Gesellschaft zu therapieren?

Wenn deshalb irgendein etabliertes therapeutisches Setting einer Therapie des Gesellschaftslebens als Vorbild zu dienen vermag, dann das der Gruppenpsychotherapie. Denn in der Gruppenpsychotherapie wird die Gruppe und in ihr der Einzelne weder durch Einzelne, noch gar einen einzelnen Therapeuten, sondern eben durch die Gruppe selbst therapiert. Die Gruppenpsychotherapie nutzt dabei die Psychodynamik und namentlich die Dynamik der Übertragung und Gegenübertragung. Das heißt, genau dasjenige, was weithin den gefühlsmäßigen Wandel und Fortschritt großer Gesellschaften verhindert, wird in Gruppenpsychotherapien dazu genutzt, Wandel, Fortschritt und im Idealfall: Symptomfreiheit und Heilung herbeizuführen. Allein das sollte Anlass genug sein, um über die Weiterentwicklung der Gruppen- zur Gesellschaftspsychotherapie nachzudenken. Wo doch nichts dagegen und alles dafür spricht, dass die Wirkungsmechanismen der Gruppenpsychotherapie auch bei Großgruppen, die das bislang bekannte Maß (von 80 bis 100 TeilnehmerInnen) übersteigen, auffindbar sind. Selbsterforschung, Mentalisierung, emotionaler Zusammenhalt, Aufhebung der Abwehr und schließlich Läuterung und Katharsis sind Wirkfaktoren, die per se nicht von der Zahl der an diesen Prozessen Beteiligten abhängen.

Überdies hat die Theorie und Forschung zu sogenannten lernenden Organisationen bereits in den neunziger Jahren versucht, individuelle Selbstentwicklung und Großgruppenentwicklung aneinander zu koppeln und dabei nicht nur auf die große Bedeutung persönlicher und gemeinschaftlicher Visionen, sondern ebenso auf die des Unbewussten als Ressource der individuellen wie kollektiven Entwicklung verwiesen. Um diese Ressourcen aber nutzen zu können, bedürfen lernende Organisationen eines freien Austauschs über die Modelle der Weltaneignung, also der Kultur, die individuelles und kollektives Erleben aneinander koppelt. Das klassische Modell dafür war Bildung. Dass sie in der heutigen, bis in die Schulen hinein verwissenschaftlichten und an den Universitäten durchökonomisierten Form nicht mehr halten kann, was sie zu Humboldts Zeiten einst versprochen hat, sollte Grund genug sein, nach neuen Formen zu suchen, die es ermöglichen, zugleich planvoll und frei, zielgerichtet und demokratisch kollektive Erfahrung durch Erfahrung zu verändern. Ob man diese Veränderung therapeutisch nennen möchte oder nicht, ist weniger entscheidend als der Umstand, dass die relativ junge Geschichte der Psychotherapie einen Reichtum an Interventionen und Formen entwickelt hat, von dem eben nicht nur Einzelne, sondern auch Gesellschaften profitieren können.

IV.

Eine Psychotherapie des sozialen Erlebens hat zwei Fragen zu beantworten: zum einen die nach der Form, in der sie sich ereignen sollte, zum anderen die Frage nach den Wirkungsmechanismen. An Wahrheitskommissionen, Systemaufstellungen, Großgruppenerfahrungsräume in den sozialen Medien, an Unterrichtsprogramme zum Erlernen gewaltfreier Kommunikation mag man denken, wenn es um alternative Settings oder Formen der Veränderung kollektiver Erfahrung durch Erfahrung geht. Was aber hat man zu berücksichtigen, wenn es um die Wirkungsmechanismen der Veränderung kollektiver Erfahrung geht?

Zunächst und vor allem dies, dass unter dem verbreiteten depressiven Gefühl der Gefühllosigkeit, dem hysterisch-oberflächlichen Überschwang des Gefühls ebenso wie hinter der zwanghaften Angst vor Kontrollverlust oder der narzisstischen Wut – kurz: dass hinter den charakteristischen Emotionen des Zeitgeistes andere Gefühle liegen. Ja, es sind Emotionen, mit denen sich Gesellschaften aus Emotionen heraushalten, und zwar aus denen, die sie nicht ertragen und mit denen sie nicht umgehen können. Und die Individualpsychologie gibt Grund zu der Vermutung, dass es auch bei Gesellschaften basale Ängste sein könnten, die die Lage des Gefühls bestimmen: die hysterische Angst vor Zurückweisung, die depressive Angst vor Einsamkeit, die narzisstische Angst vor zu großer Nähe oder die Grundangst des Zwangsneurotikers vor dem Tod. Doch zur Veränderung kollektiven Erlebens nutzt diese Einsicht wenig. Die Veränderung der Erfahrung geschieht – man kann es nicht oft genug wiederholen – wirkungsvoll nur durch Erfahrung. Begriffe, Erklärungen, Theorien, das eben ist die leidvolle Erfahrung der »68er« nutzen da wenig. Das heißt nicht, dass sie überflüssig wären, sondern nur, dass sie, solange sie das Gefühl nicht einbeziehen, unzureichend sind.

Wie also kann kollektive Erfahrung durch kollektive Erfahrung verändert werden – und nicht einfach durch wohlgemeinte Appelle, wie etwa den, sich zu westlichen Grundwerten zu bekennen?

Und man wird sogleich hinzufügen: Soll sie das überhaupt? Kommt ein solches Ziel nicht einer Anmaßung gleich?

Genau das wäre der Fall, gäbe es keinen Leidensdruck. Ihn jedoch scheint es zu geben, jedenfalls dann, wenn man die kollektivneurotische Struktur des sozialen Erlebens in Betracht zieht, und dann, wenn man die Zunahme an sozialem Unfrieden gerade auch in den westlichen Wohlstandsgesellschaften in Betracht zieht.

Vorausgesetzt also, es gibt, weil die emotionale Entwicklung westlicher Gesellschaften nicht auf der Höhe der Entwicklung ihrer technischen Möglichkeiten angelangt ist, einen gemeinschaftlichen Bedarf zur Nachreifung des Gefühls, wie anders wäre das denkbar als dadurch, dass die menschliche Fähigkeit zu Selbstverantwortung und gemeinschaftlichem Handeln über ihre bisherigen Grenzen hinaus entwickelt würde?

V.

Patienten, diese Erfahrung ist im einzelpsychotherapeutischen Kontext allgegenwärtig, begeben sich nicht allein mit einem Wunsch nach Veränderung in Behandlung, sondern zugleich mit dem, dass alles so bleiben möge, wie es ist. Dem Wunsch nach Veränderung steht die Angst davor gegenüber, dass sich das gesamte Leben ändert, Freiheit und Frieden mit sich und anderen tatsächlich möglich ist. Während so ein Teil des Patienten gewillt ist, mit dem Therapeuten zu kooperieren, gibt es stets einen anderen Teil, der – im Widersand – versucht, jeden Fortschritt im Hinblick auf das gemeinsame Ziel zu unterminieren. Weil das grosso modo auch für Gesellschaften gilt, weil der Wunsch nach Veränderung der Angst vor eben dieser Veränderung entgegensteht, muss die erste Intervention in einer schonungslosen Bestandsaufnahme der affektiven Lage bestehen. Je schonungsloser diese Bestandsaufnahme, je entschiedener die Fokussierung auf das emotionale Erleben der an einer Gesellschaft beteiligten Gruppen ist, desto deutlicher wird die Notwendigkeit, etwas zu verändern.

Doch das wäre nur der erste Schritt! Denn Veränderung provoziert Angst. Diese Angst im Zaum zu halten, war die Aufgabe der Symptome. Die vorherrschende Affektlage einer Gesellschaft, ihr emotionaler Status quo ist dieses Symptom. Mit dem Ansteigen der Signalangst vor der Konfrontation mit den nicht erlebten Gefühls- und Stimmungslagen werden depressive, zwanghafte, narzisstische oder hysterische Abwehrmechanismen aktiviert. Die Neurose wehrt sich so gegen ihre Heilung. Und genau deshalb genügt es auch nicht, die Abwehrmechanismen zu benennen oder zu verstehen, sie müssen herausgefordert werden. Denn nur so kann die Spannung zwischen dem Willen zur und der Angst vor der Veränderung zugunsten des Willens überwunden werden. Auf die Isolation und Identifikation der Abwehrmechanismen muss daher noch ein weiterer Schritt folgen, der in der Lage ist, die bislang in den westlichen Gesellschaften kaum ausgeprägte Motivation für einen Wandel zu schaffen. Dieser Schritt besteht neben der Entwicklung der Utopie eines anderen, besseren, erfüllteren Lebens in der Konfrontation mit den destruktiven Wirkungen der Abwehr. Erst die schonungslose Herausarbeitung der selbstdestruktiven, selbstsabotierenden und masochistischen Seite der neurotischen Abwehr dürfte in der Lage sein, die motivationale Grundlage zur Überwindung der kollektivneurotischen Verfassung unserer Gesellschaften zu schaffen.[29] Zu wissen, dass wir mit unserem Wirtschaften, unserer Technik, unseren Kriegen dabei sind, uns selbst die Lebens- und Überlebensgrundlage zu entziehen, indem wir uns und unsere Nachfahren einem für unvermeidlich gehaltenen Schicksal überlassen, genügt nicht, solange wir nicht auch fühlen und verstehen, was das bedeutet.

Der Hinweis auf die selbstzerstörerische Kraft kollektiven Handelns, auf die Tatsache, dass die Weltgemeinschaft gegen ihre eigenen Interessen handelt und sich derzeit in einer masochistischen Lust am eigenen Untergang ergeht, genügt daher nicht, solange diese Widersinnigkeit zwar erkannt, aber vom Gefühl nicht anerkannt wird.

Therapeutische Interventionen, welcher Art auch immer, müssen diese selbstzerstörerische, maligne Seite des neurotischen Widerstands im Auge haben und den Patienten – die Gesellschaft – gegen seine eigenen Widerstände in Stellung bringen. Nur so haben sie auch nur entfernt Aussicht darauf, ihn aus seiner selbstverschuldeten Unmündigkeit zu befreien.

VI.

Ob das gelingt oder ob die Menschheit ihre Konflikte auch weiterhin nur austragen und dabei rationalisieren wird, hängt auch davon ab, ob Menschen unter Globalisierungsbedingungen in der Lage sein werden, Empathie mit den Menschen zu erleben, die ihnen geographisch und kulturell fern sind. Ob die Menschheit in

29 Sind diese Konsequenzen nicht längst hinreichend bekannt als die für die innere und äußere Natur des Menschen desaströsen Folgen des Fortschritts? Und da ist die Antwort schlicht: Um diese Folgen geht es erst in zweiter Linie. Denn was derzeit und schon lange geschieht ist ja eben, dass die Folgen des sogenannten Fortschritts bestens bekannt sind, aber mittels Rationalisierung und Affektisolierung abgewehrt werden.

der Lage sein wird, ein wirklich universales Mitgefühl zu entwickeln, ein Mitgefühl, das in der Lage ist, Kauf- und Wahlentscheidungen ebenso zu beeinflussen wie Nahrungsgewohnheiten und die Bereitschaft, Güter zu teilen – das ist eine für das Schicksal der Weltgesellschaft entscheidende Frage.

Ein solches Mitgefühl aber wird nur der entwickeln können, der gelernt hat, sich selber zu fühlen.

Östliche Weisheitslehren verweisen deshalb lange schon auf den Zusammenhang, auf die wechselseitige Abhängigkeit von sozialem und innerem Wandel.

So naiv es deshalb ist, gesellschaftlichen Wandel allein durch Wandel und Läuterung des Innenlebens, also etwa durch fortgesetztes Meditieren erzielen zu wollen – so naiv ist es auch, bei sozialem Fortschritt allein auf Institutionen zu vertrauen oder, schlimmer noch, auf den Markt, das freie Spiel der Kräfte und damit auf den Zufall. Und wieso auch sollte eine auf Gewinnmaximierung und Ausbeutung knapper Ressourcen, also auf Wettbewerb und Konkurrenz basierende Gesellschaft an der Entwicklung eines Weltmitgefühls interessiert sein? Was interessierte sie weniger! Was sie hingegen braucht, sind Kämpfer im Dickicht der Märkte. Wer aber fühlt, was er anderen antut, macht da nicht mehr mit.

Konsequenterweise haben hochkapitalistische Gesellschaften einen Menschentypus hervorgebracht, der zwar die Grenzen seiner Sinne durch technische Armaturen bis an die Grenzen des Universums erweitern konnte, aber dennoch nicht zu spüren in der Lage ist, was er seiner Umwelt, seinem Nächsten antut – und bei alledem glaubt, darauf vertrauen zu können, dass diese Fühllosigkeit auch weiterhin einfach hingenommen wird – als scheinbar unabänderlicher Teil der menschlichen Natur.

VII.

Während *Widerstand* im Vokabular der Psychoanalyse all das bezeichnet, was sich dem (von wem auch immer bestimmten) Fortschritt im therapeutischen Prozess entgegenstellt, umfasst der Begriff der Abwehr die weitgehend unbewusst ablaufenden Reaktionen, die das Ich zur Verteidigung gegen unerwünschte Triebimpulse des Es gebraucht, also z. B.: Verdrängung, Verleugnung, Verschiebung, Projektion, Regression, Spaltung, Ungeschehenmachen, Rationalisierung, Sublimierung, Somatisierung, Autoaggression, Affektisolierung, Idealisierung, Entwertung, Depersonalisation, Derealisierung – um nur einige der Abwehrmechanismen zu nennen.

Womit eine Psychotherapie des Gesellschaftslebens zuerst zu rechnen hat, ist daher die Abwehr. In der Gestalt des Widerstands stellt sie sich jeder Veränderung entgegen.

VIII.

Realpolitik, wo sie Symptome nicht mehr bekämpft, sondern zu deren Ausdruck geworden ist, ist eine Form der kollektiven Abwehr, vielleicht die augenscheinlichste überhaupt. Bereits die aller Realpolitik eingeschriebene Absage an jede Form der Utopie, ihr Selbstverständnis einzig als Krisenbewältigungsmechanismus deutet auf ihr Selbstmissverständnis. Es liegt in der Annahme, die Aufgabe der Politik sei eine negative, nämlich die des Vermeidens von Unlust und Leid, die der Gefahrenabwehr. Als könne das Politische auf das Positive des Wunscherfüllungsgedankens, mit einem Wort: auf Hoffnung verzichten.

So steht die Realpolitik und jeder, der sich in ihrem Namen engagiert, derzeit mit dem Rücken zur Wand – oder hängt wie ein von schweren Schlägen des Gegners gezeichneter Boxer in den Seilen. Bedingt durch den Ernst ihrer Lage missversteht sie die derzeit von überallher wütend auf sie einprasselnden Schläge als Manifestationen des Bösen. Das Böse aber gibt es nur da, wo das Verstehen aufhört. Dass das Böse wiederauferstanden ist, in Gestalt des Terroristen, Diktatoren, Demagogen, in Gestalt von Baschar al-Assad, Donald Trump, des Wutbürgers oder, je nach Perspektive, des Wirtschaftsflüchtlings, sollte zu denken geben, vor allem, weil es eine Abwehr gegen das Verstehen ist.

IX.

Auch soziale Institutionen dienen dieser Abwehr. Recht und Gesetz, die Ehe, das Gesundheitswesen, die Kirche – all das sind Formationen der Abwehr – gegen die mörderische Wut, die natürliche Polygamie, die Vergänglichkeit oder eben die metaphysische Obdachlosigkeit.

Die Rückkehr in den Naturzustand, die Abschaffung aller Institutionen wäre unmenschlich, ein Rückfall in die Barbarei, kurz: keine Alternative. Und doch bleibt die Überwindung der Abwehr ein Gebot der psychopathologischen Vernunft: Innerlich heil sein kann nur, wer sich Unabhängigkeit und Freiheit vor jeder institutionellen Überformung bewahrt, wer die eigene mörderische Wut erleben kann, die Anarchie des Lustprinzips, die Sterblichkeit oder die metaphysische Sinn- und Obdachlosigkeit. Das heißt, nur, wer all das zulassen kann, behält die Freiheit, für das, was er dabei erlebt, nicht andere verantwortlich machen zu müssen.

X.

Jeder psychotherapeutische Prozess kennt die Abwehr, das Nicht-wahrhaben-Wollen dessen, was ist, als den zu besiegenden Feind.

Psychotherapie zielt, wie übrigens meditative Praktiken auch, darauf ab, dass es (wieder) möglich wird, das auszuhalten, das zu erleben, was ist, war oder sein wird. So steht Psychotherapie auch für die Bewahrung des Leids ein, das alle Abwehrmechanismen fernzuhalten suchen.

XI.

Im psychotherapeutischen Prozess hat die Bewusstwerdung der Abwehrmechanismen nur dann eine Chance auf Erfolg, wenn das abgewehrte und dann zutage geförderte Material des Erlebens auch vom Erleben zugelassen werden kann. Wer die Abwehr durchbricht oder umgeht, muss sich vorher versichert haben, dass das, was da zum Vorschein kommt, auch ausgehalten werden kann. Was daraus erwächst, für die Idee einer Psychotherapie des Gesellschaftslebens, ist die Frage: Wie viel Abwehr wird auch weiterhin benötigt, wie viel Verblendungszusammenhang, Ideologie, repressive Toleranz muss erhalten bleiben, um bei der Veränderung des Ganzen nicht das Ganze zu zerstören?

XII.

Alle Psychoneurosen benutzen den Abwehrmechanismus der *Verschiebung*. Sie nutzen also den Umstand, dass Intensität, Bedeutung, Gewicht, kurz der Affekt einer Vorstellung sich von dieser lösen und auf andere, manchmal nur lose assoziierte Vorstellungen übertragen werden kann. *Die psychoanalytische Theorie der Verschiebung unterstellt*, heißt es bei Laplanche und Pontalis, *die ökonomische Hypothese einer Besetzungsenergie, die sich von den Vorstellungen lösen und (an) den Assoziationswegen entlang gleiten kann. Die ›freie‹ Verschiebung dieser Energie ist eine der Hauptei-*

genschaften des Primärvorgangs, der das Funktionieren des unbewussten Systems beherrscht.[30] Verschiebung, heißt das, regiert immer dann das Geschehen, wenn das Leben traumartig daherkommt oder gar selbst zum Traum oder Alptraum wird. Das besondere Gewicht, die eigenartige Intensität des Erlebens verdankt sich dabei der Verschiebung von Erlebnisintensitäten und -qualitäten aus anderen Erfahrungsräumen.

Wenn, wie in Zeiten von Schulden-, Flüchtlingskrise und Terrorgefahr der Primärvorgang die Politik bestimmt, dann bestimmt das Phänomen der Verschiebung das Tagesgeschehen. Dies bislang ignoriert zu haben, ist vielleicht der verhängnisvollste Fehler, der dem Westen beim Versuch der Krisenbewältigung unterlaufen ist. So etwa hat er die religiöse Propaganda des Islamismus für bare Münze genommen und infolgedessen bei sich selbst ein religiöses Defizit ausgemacht und sogleich als Mitursache des Terrors veranschlagt. Das aber ist, als nähme ein Analytiker den religiösen Wahn seines Patienten nicht als Ausdruck von etwas anderem, sondern überdies auch noch als ernstzunehmenden Auftrag zur Wiederentdeckung der eigenen Religiosität. Die Ursachen des religiösen Wahns liegen so wenig in der Religion wie die Ursachen des Rassenwahns in der natürlichen Unterschiedlichkeit der Menschen. Rassen- wie religiöser Wahn, gar der blinde Hass auf alles, was westlich ist, sind Ausdruck jener Verschiebung, von der die Rede war.

Was aber macht derjenige, der gebetsmühlenartig wiederholt, Al Kaida, Hamas, der IS führten einen Kampf gegen westliche Werte, anderes, als dieser Verschiebung Vorschub zu leisten und sie für bare Münze zu nehmen?

Der Verblendungszusammenhang hat längst auch den aufgeklärten Westen erreicht; aus der Übertragungsneurose sich radika-

30 J. Laplanche/J.-B. Pontalis: *Das Vokabular der Psychoanalyse*, Frankfurt a. M. 1973, S. 603.

lisierender junger Männer und Frauen ist längst eine Gegenübertragungsneurose geworden.

Die Schuld des Westens kommt dabei der des schlechten Analytikers gleich: Er nimmt, was ihm angeboten wird, buchstäblich, für bare Münze und erkennt nicht, dass es sich um Abwehr handelt. Stattdessen konstatiert er, sein Gegenüber sei therapieresistent.

Es sind Intellektuelle, die sich hier, eben weil sie sich von Berufs wegen auf das Verstehen des Tiefgründigen spezialisiert haben, im besonderen Maße schuldig machen.

Nach den Anschlägen von Paris im November 2015 lancierte die israelische Soziologin Eva Illouz die Unterscheidung zwischen einem rationalen, politische Zwecke verfolgenden Terrorismus (wie ihn Israel kennt) und einem irrationalen, gegen die westliche Kultur überhaupt gerichteten islamistischen Terrorismus, der mit den Anschlägen von Paris zur alltäglichen Erfahrung des Westens zu werden drohe. Und Slavoj Zizek schreibt in der gleichen Ausgabe der Wochenzeitung DIE ZEIT: *Auf ein ›tieferes‹ Verständnis der IS Terroristen (in dem Sinn, dass ihre beklagenswerten Taten nichtsdestotrotz Reaktionen auf die brutalen Interventionen der Europäer sind) können wir getrost verzichten: Sie sollten als das charakterisiert werden, was sie sind: das islamfaschistische Gegenstück zu den einwanderfeindlichen europäischen Rassisten, zwei Seiten derselben Medaille.*[31]

Die Irrationalisierung der Gewalt aber kommt der Bankrotterklärung des aufklärerischen Ziels gleich: sich der Herausforderung zu stellen, noch das Unverständlichste, das Irritierende, Monströse der menschlichen Natur zu verstehen – so weit es geht, so unvollständig, fragmentarisch gerade im Falle des Barbarischen dieses Verstehen zuletzt auch bleiben wird.

31 *DIE ZEIT* Nr. 47, 19. November 2015.

Sich dieser Herausforderung zu verweigern, auf die Abwehr der Ohnmächtigen nur mit einem weiteren Abwehrmechanismus, nämlich dem der Spaltung zu reagieren, hat nicht wenige Intellektuelle zu Mitschuldigen an einer nur noch verfahrener und auswegloser scheinenden Lage werden lassen.

XIII.

Wer die posthum veröffentlichten Bilder der Attentäter von Paris betrachtet, blickt in die Gesichter junger Männer. Kaum einer der Attentäter ist deutlich über zwanzig. Warum? Wer weiß das schon? Wer weiß schon, warum es die Jugend ist, die sich radikalisiert, die ausbricht aus dem Leben, sich für den Tod entscheidet, den eigenen und den der anderen?

Die Forschung steht hier immer noch vor großen Aufgaben. Mit anderen Worten: Sie weiß nicht weiter, hat kaum eine Ahnung, warum das so ist. Auch Psychiatrie und Psychologie machen da keine Ausnahme.

Begriffe wie autoritätsaffine Persönlichkeitsstruktur, abnorme Fixierung, soziale Desintegration, Neigung zu polarisierendem Denken, Verbitterungsstörung machen die Runde, so, als erklärten sie irgendetwas, als wären sie etwas anderes als Ausdruck eines allgemeinen Unverständnisses, einer allgegenwärtigen Sprachlosigkeit, die längst auch die Wissenschaften ereilt hat. Tatsächlich hat der 11. September zahllose politische Konsequenzen nach sich gezogen, aber keine in der psychiatrisch-psychologischen Präventionsforschung. Noch ist die Psychodynamik des islamistischen Terrors ein Desiderat der Forschung.

Und sie wird es auf absehbare Zeit bleiben, so lange nämlich, wie man psychische Störungen nur Individuen attestieren zu können glaubt, so lange, wie man nicht wahrhaben will, dass im Raum des Politischen häufig das Gleiche geschieht wie im Seelenleben des Individualneurotikers. Zum Beispiel, wenn Gesellschaften eigene aggressive Impulse abspalten, nach außen verlagern und dort, im Feind, bekämpfen – eben, um sie an sich selbst nicht wahrnehmen und bekämpfen zu müssen.

Projektion ist dabei kein Abwehrmechanismus, der Attentätern vorbehalten wäre. Die Wiederkehr der eigenen aggressiven Impulse im Anderen, in der tatsächlich gewalttätigen Gestalt jugendlicher Attentäter birgt den enormen Vorteil, sie an sich selbst nicht wahrnehmen zu müssen. Das grassierende Unverständnis in der Auseinandersetzung mit dem islamistischen Terror ist nur das deutlichste Zeichen dieser projektiven Abwehr. Wer nicht versteht und nicht verstehen will, warum diejenigen, die hassen und morden, das tun, was sie tun, leistet dieser Abwehr Vorschub. Und wichtiger noch, er rechtfertigt nicht nur Gewalt gegen die Gewalttätigen, sondern erweckt auch noch den Eindruck, als sei Gewalt nur mit Gewalt zu bekämpfen, als sei Gewalt das probateste Mittel zur Bekämpfung von Gewalt.

Was so freilich augenscheinlich wird, ist, dass im Kampf der Kulturen nicht friedliebende Freiheit einem gewaltbereiten Fanatismus gegenübersteht, sondern nur eine Gewalt der anderen – man könnte sagen: eine zivilisierte Gewalt einer barbarischen.

Ohne einen Feind konnte der Westen deshalb nach dem Zusammenbruch des Ostens 1989 nicht lange auskommen. Er musste einen neuen suchen. Und sei es weit entfernt, am Hindukusch.

Dass aber der Westen immer wieder Feinde hervorbringt, die gegen ihn aufbegehren, ohne dass er recht verstünde, warum, wird wohl bis auf weiteres und jedenfalls so lange so bleiben, wie ihm die eigene Gewalt in Gestalt einer anderen Gewalt begegnet.

XIV.

Ideologie, Verblendungszusammenhang, repressive Toleranz scheinen heute Begriffe von einst zu sein. Doch ist die Patina des Unzeitgemäßen, Überkommenen, geradezu Altväterlichen, die ihnen anhaftet, Ausdruck einer Verleugnung. Die zeitliche Distanz, in die sie die Patina rückt, leugnet ihre Aktualität. Diese liegt in ihrer Antwort auf die brisante Frage Susan Neimans, warum unsere hochkomplexen, hochtechnisierten und dabei zugleich infantilisierten Gesellschaften nicht den Mut haben, endlich erwachsen zu werden.[32] Eben weil uns, so lautet die Antwort, Ideologie, Verblendungszusammenhang und repressive Toleranz vor einer Angst schützen, die ohne sie über uns kommen würde. Deshalb muss, wer sich heutzutage daran macht, diesen Begriffen ihre Patina zu nehmen, mit harscher Kritik rechnen. Zu viel steht auf dem Spiel. Und nur die Angst selbst scheint zu ahnen, wie viel.

XV.

Eine Psychotherapie des Gesellschaftslebens sagt jeglicher Form der Abwehr individueller oder kollektiver Natur den Kampf an. Ihr liegt die Überzeugung zugrunde, dass es die Abwehr ist, die das Problem schafft, das sie zu lösen versucht – dass sie ein Leid schafft, das größer ist als dasjenige, das sie verhindert. So beruht jegliche Psychotherapie auf der Überzeugung, dass das Leben aushaltbar sei, solange es die eigene Abwehr nicht unerträglich macht. Aushaltbar – nicht mehr, nicht weniger.

XVI.

Wie also könnte eine Psychotherapie des Gesellschaftslebens aussehen? Was bräuchten wir neben der Weiterentwicklung bekann-

32 Susan Neiman: *Warum erwachsen werden? Eine philosophischer Ermutigung*, München 2015.

ter Settings wie Gruppenpsychotherapie, Systemaufstellungen und Wahrheitskommissionen noch?

1.

Zunächst einmal ein weder an Wissenschaft noch an Ökonomie, sondern an den Herausforderungen einer ungewissen Zukunft orientiertes Verständnis von Bildung. Und dazu gehört, wie selbstverständlich, die Integration von Selbsterfahrung, gerade auch als Gruppenselbsterfahrung in den schulischen Kontext. Warum sollte Meditation nicht bereits in der Schule gelehrt werden? Warum sollten nicht gerade Schulen von Unterrichtseinheiten in Gewaltfreier Kommunikation, Salutogenese, Burn-out-Prävention profitieren? Und wie kann es sein, dass wir es zulassen, Generationen von Kindern auf institutionalisiertem Wege immer nur Welt-, aber kein Selbstwissen zu vermitteln?

2.

Und ja, die Psychotherapeuten und Seelenarbeiter westlicher Gesellschaften haben allen Grund dazu, ihre Praxen und Kliniken zu verlassen und auszuschwärmen an die Schulen, Universitäten, vor allem aber auch in die Gefängnisse, wo sie derzeit vielleicht am dringendsten benötigt werden. Denn im Strafvollzug die Beschädigungen des Seelenlebens wie bisher weitgehend unbehandelt zu lassen, heißt, Rückfälle und damit weitere Verletzungen billigend in Kauf zu nehmen.

3.

Psychotherapeutische Expertise aber ist nach all dem hier Gesagten vor allem in der Politik längst unverzichtbar. Und da in der Politik nur wirksam ist, was auch institutionalisiert ist, scheint die Gründung eines Instituts für Psychopolitik, zur qualitativen Erforschung gesellschaftlicher Seelenlagen so etwas wie das Gebot der Stunde zu sein. Und eine seiner vornehmsten Aufgaben wäre dann wohl die Erforschung der Psychodynamik internationaler Konflikte.

4.

In den Genuss regelgeleiteter Techniken der Selbsterfahrung kommen Menschen bisher vor allem im Kontext von Psychopathologie und Psychotherapie, also als Folge einer seelischen Erkrankung. Das können wir uns nicht länger leisten! Psychotherapie, die Erfahrung des eigenen Weltinnenraums oder gar, in der Gruppenselbsterfahrung, anderer Weltinnenräume, darf nicht weiterhin dem Zufall eines pathogenen Schicksals und damit dem Gesundheitssystem überlassen werden. Sie darf, soll das heißen, nicht weiterhin der Ausnahme-, sie sollte zum Regelfall, wenn man so will: zur Regelleistung des Sozialsystems werden. Und das war ihre historische Vorläuferin, die religiöse Erkundung des eigenen Seelenlebens, denn auch lange und bis weit ins letzte Jahrhundert hinein. Heute hingegen haben wir weit effektivere Formen und Instrumente. Sie sollten wir nutzen. Und dabei von den Kirchen lernen, zum Beispiel wie wichtig eine nicht nur architektonische Realpräsenz für die Implementierung und kulturelle Verankerung sozialer Praktiken ist – freilich ohne deshalb neue Kirchen zu errichten.

5.

Dialektisch-behaviorale und Akzeptanz-Commitment-Therapie sind Therapieformen, die die individuelle Stresstoleranz durch die Integration von Selbstwahrnehmung erhöhen und auch in randomisierten Studien nachhaltige Erfolge bei Patienten mit Störungen der Impulskontrolle (wie etwa Borderlinern) unter Beweis gestellt haben. Die hier gewonnenen Erfahrungen warten darauf, für Großgruppen nutzbar gemacht zu werden.

6.

Und schließlich: Wer die Zukunft ändern will, muss auch über sie nachdenken. Was wir brauchen, ist deshalb Mut, uns eine Welt vorzustellen, die anders ist als die, die wir kennen. Denn die Zukunft wird ohnehin anders sein als die uns bekannte Welt. Um diese unbekannte Zukunft zu gestalten, brauchen wir wieder Utopien. Wir bedürfen dazu jedoch nicht einer neuen Utopie, sondern mehrerer, am besten zahlloser neuer Utopien. Phantasie also ist gefragt. Nicht nur, wie zu früheren Zeiten, die der Politiker oder Intellektuellen, sondern die von uns allen.

Über den Autor

Christian Kohlross, geb. 1963, PD Dr., Kulturwissenschaftler an der Universität Mannheim, mehrere Gastprofessuren (u. a. *Walter Benjamin Chair*, Hebräische Universität, Jerusalem), Dozent in der Psychotherapiefortbildung sowie psychotherapeutisch tätig in eigener Berliner Praxis.